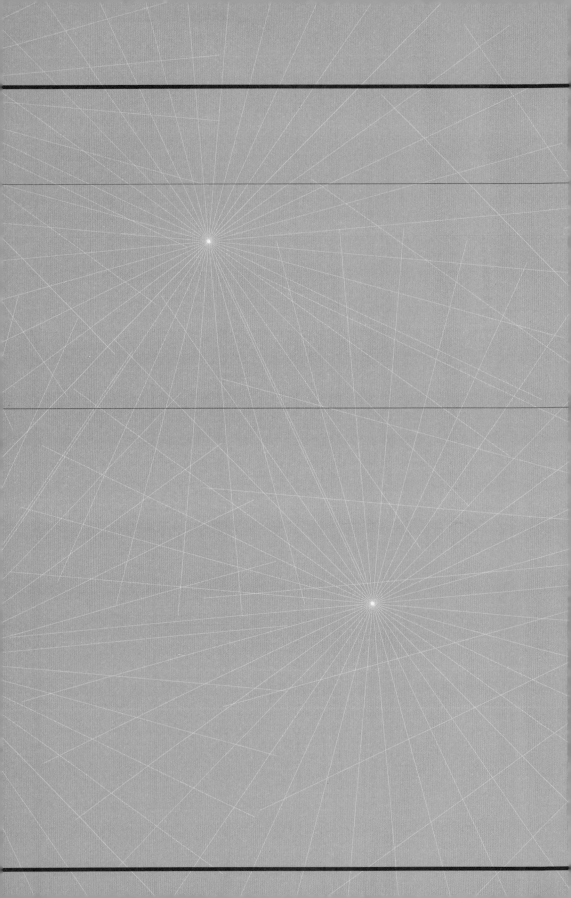

国家信息中心数字中国研究院
大数据发展丛书

INNOVATION OF SUPERVISION IN PROCESS
AND AFTERWARDS BASED ON BIG DATA

基于大数据的
事中事后监管创新

魏 颖 杨道玲 郝 凯 ◎ 著

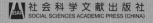

社会科学文献出版社
SOCIAL SCIENCES ACADEMIC PRESS (CHINA)

大数据发展丛书
编 委 会

的新阶段。随着信息技术和人类生产生活交汇融合，互联网快速普及，全球数据呈现爆发增长、海量集聚的特点，对经济发展、社会治理、国家管理、人民生活都产生了重大影响。"加快推进大数据发展与数字中国建设，应当着力推进全国范围内数据资源顶层统筹和要素集聚，充分释放"数字红利"，有效提升数字化时代我国全球竞争力。

二是守护网络化数字化时代国家主权新疆界，以"数字立国"支撑落实国家总体安全观。习总书记指出："从世界范围看，网络安全威胁和风险日益突出，并日益向政治、经济、文化、社会、生态、国防等领域传导渗透。"当前，大数据已经成为国家的基础性战略资源，数据主权成为国家主权的新领域。加快推进大数据发展与数字中国建设，应当着力强化陆海空天电网六维空间数据资源全领域、全要素统筹，有效增强国家数据资源的纵横联动和调度指挥能力，筑牢国家数据资源整体安全防护体系。

三是培育壮大我国经济高质量发展新动能，以"数字强国"为经济转型升级全面赋能。习总书记指出："研究表明，全球95%的工商业同互联网密切相关，世界经济正在向数字化转型。"大数据对于国民经济各部门具有十分广泛的辐射带动效应，对我国经济质量变革、效率变革和动力变革具有重要推动作用。加快推进大数据发展与数字中国建设，应当着力汇聚全社会数据资源和创新资源，实现汇聚数据链、整合政策链、联接创新链、激活资金链、培育人才链、集聚产业链，以信息化培育新动能，以新动能推动新发展。

四是满足人民群众对高品质生活新向往，以"数字治国"推动现代治理体系建设向纵深发展。习总书记指出："必须贯彻以人民为中心的发展思想，把增进人民福祉作为信息化发展的出发点和落脚点，让人民群众在信息化发展中有更多获得感、幸福感、安全感。"

互联网、大数据等新技术是人民群众创造高品质生活的全新手段。加快推进大数据发展与数字中国建设，应当聚焦人民群众的难点、痛点、堵点问题，着力运用新技术手段深化"放管服"改革，推动现代治理体系建设向协同管理、协同服务、协同监管的纵深方向发展，切实增强人民群众获得感和满意度。

五是开创"一带一路"倡议合作共赢新局面，以"数字丝路"建设引领高水平对外开放。习总书记指出："要坚持创新驱动发展，加强在数字经济、人工智能、纳米技术、量子计算机等前沿领域合作，推动大数据、云计算、智慧城市建设，连接成 21 世纪的数字丝绸之路。"加快推进大数据发展与数字中国建设，应当着力搭建覆盖共建"一带一路"国家和地区的数据资源互联互通平台和标准规范体系，推动成员国之间数据共享开放，更好地服务于各国经济社会发展，使我国在未来全球大数据产业发展中掌握优先话语权。

20 世纪 80 年代，为迎接世界信息技术革命挑战而组建的国家信息中心，目前已成为以经济分析预测、信息化建设和大数据应用为特色的国家级决策咨询机构和国家电子政务公共服务平台。近年来，国家信息中心在贯彻落实国家大数据战略，全力推进数据资源汇聚、数据分析决策和数字经济发展方面取得了诸多成绩。2018 年 4 月，国家信息中心正式成立数字中国研究院，通过整合内外部资源，汇聚产学研各界优势，共同打造大数据领域最权威、最高端、最前沿的综合性智库平台。本套丛书的策划出版，也是国家信息中心数字中国研究院在数字经济、政府治理、宏观决策、监管创新等领域探索研究的核心成果之一，相信将为各级政府和社会各界推进大数据发展与数字中国建设提供有益借鉴。

曾子曰："士不可以不弘毅，任重而道远。"面向未来，希望社会各界有识之士一起努力，坚持面向国家重大需求、面向国民经济发展主战场、面向世界数字科技创新前沿，全面参与大数据发展事业，全力探索以数据为纽带促进政府、产业、学术、研发、金融、应用各领域的深度融合创新的发展模式。

是为序。

罗文

国家发展改革委副主任

前　言

习近平总书记在十九届中共中央政治局就实施国家大数据战略进行第二次集体学习时强调，要运用大数据提升国家治理现代化水平，推进政府管理和社会治理模式创新，实现政府决策科学化、社会治理精准化、公共服务高效化。国家发展改革委高度重视大数据研究和应用，2015 年 4 月，依托国家信息中心组建了国家发展改革委互联网大数据分析中心，开展常态化大数据专项分析；特别是自 2017 年 8 月国家信息中心设立大数据发展部以来，在研判宏观经济形势、评估政策效果、监测社会舆情、分析"一带一路"等多个方面进行了卓有成效的探索，取得了一系列研究成果，并积累了丰富的理论和实践经验。

加强事中事后监管是深化行政体制改革、加快转变政府职能、深入推进"放管服"改革的内在要求。随着市场主体数量快速增长，市场活跃度不断提升，全社会信息量呈现爆炸式增长，数量巨大、来源分散、格式多样的大数据对政府监管能力提出了新的挑战，也带来了新的机遇。因此，迫切需要在市场监管中积极稳妥、充分有效、安全可靠地运用大数据等现代信息技术，探索基于大数据手段的监管新理念、新方式、新路径。

遵照党中央、国务院和国家发展改革委关于充分运用大数据开展事中事后监管的系列重要指示精神，国家信息中心大数据发展部进一步加大组织力度和研究投入，组建了事中事后监管大数据工作专班，集合力量深入研究，深度对接国家发展改革委十多个司局的监管业务，充分利用大数据分析手段，不断扩展数据源，初步构建了事中事后监管大数据理论框架和方法模型，并重点围绕重大工程、社会信用等多个领域形成系列研究报告，为开展相关监管提供了强有力的支撑。为了更好地提升业务水平，进一步推广基于大数据的事中事后监管理念和方式，我们在前期工作基础上，梳理完善理论体系，强化不同监管场景下的大数据分析思路，汇聚了重大工程项目、社会信用、生态环保、营商环境、商品价格和窗口服务等领域大数据监管案例。希望本书的出版能为从事事中事后监管相关领域的有关机构及专家学者提供参考。

展望未来，我们将持续聚焦事中事后监管这一重要课题，进一步发挥大数据分析优势，创新监管方式，强化监管手段，提升监管效能，为进一步加强事中事后监管、推动"放管服"改革向纵深发展做出新的更大的贡献！

Contents

目　录

图目录

Contents

表目录

第一章

绪　论

第一节　事中事后监管的提出

党的十八大以来，以习近平同志为核心的党中央做出了全面深化改革的重大决策，对推进行政体制改革高度重视，并多次对转变政府职能做出部署。监管是政府职能的重要组成部分，是服务市场主体和维护市场秩序的有效途径。事中事后监管是监管体系不可或缺的重要环节，一般指行政机关对所监管的事项在市场主体准入之后持续进行的全过程监督和管理活动。加强事中事后监管是深化"放管服"改革的题中应有之义，是当前和今后一个时期推进"放管服"改革向纵深发展的核心任务。党的十九大报告指出"转变政府职能，深化简政放权，创新监管方式，增强政府公信力和执行力，建设人民满意的服务型政府"。习近平总书记强调，"要放管结合、并重，只放不管必有后患"。李克强总理指出"放和管是两个轮子，只有两个轮子都做圆了，车才能跑起来"，并在 2018 年 6 月全国深化"放管服"改革转变政府职能电视电话会议上又进一步强调要"创新和加强事中事后监管"。我们认为，加强事中事后监管意义重大，主要体现在三个方面。

一　加强事中事后监管是适应经济发展新常态和深化供给侧结构性改革的必然要求

伴随着供给侧结构性改革的不断深入，传统以批代管的监管方式难以适应新时期经济新常态中市场监管任务的强度、难度和复杂程度，导致监管工作处于被动局面①。而事中事后监管是将监管的重心后移，更加关注质量和效果，将监管触角延伸到市场活动中的"灰色地带"，这与适应经济发展新常态和深化供给侧结构性改革的要求是高度契合的。

二 加强事中事后监管是推动简政放权、放管结合、优化服务的现实选择

"放管服"改革是由简政放权、放管结合、优化服务共同组成的，这三方面是有机的统一体。如果对取消事前事项没有建立有效的监管制度，在监管不到位或者监管缺失的情况下，减少或取消行政审批事项，容易导致管理脱节的现象，而且监督权与下放权不同步也会导致运行机制不顺畅，因此加强监督管理十分紧迫②。加强事中事后监管重在"严管"上求实效，对保留的行政许可事项，实行全过程严格监管；对取消和下放的，明确办理的规则和程序，确保公开公正、高效透明；对违法违规的，严厉打击，净化市场环境。

三 加强事中事后监管是推进国家治理体系和治理能力现代化的重要内容

加强事中事后监管是推进政府治理现代化的重要环节，是建设现代化政府的必由之路，也是政府治理现代化的重要标志。加强事中事后监管，可以弥补事前监管存在的不足，完善现代化政府治理体系，完善行政监督运行机制，实现监管方式的变革和监管能力的提升，逐

---

① 范迪军、倪良新：《简政放权必须加快构建新型监管体系》，《中国经济时报》2014 年 4 月 18 日。

② 王雪珍：《行政审批制度改革的紧迫性与面临的问题》，《产业与科技论坛》2014 年第 15 期。

步形成符合我国国情和发展阶段的监管新体系，从而营造良好发展环境，维护社会公平正义，更好履行宏观调控、市场监管、社会管理和公共服务等各项职能，逐步建立完善法治政府、创新型政府和服务型政府。

第二节　利用大数据加强事中事后监管的必要性

习近平总书记在 2017 年 12 月中央政治局第二次集体学习中指出："要运用大数据提升国家治理现代化水平。要建立健全大数据辅助科学决策和社会治理的机制，推进政府管理和社会治理模式创新，实现政府决策科学化、社会治理精准化、公共服务高效化。"加强事中事后监管是深化行政体制改革、加快转变政府职能、深入推进"放管服"改革的内在要求，受到党和国家的高度关注。但是，随着市场主体数量快速增长，市场活跃度不断提升，全社会信息量呈现爆炸式增长，数量巨大、来源分散、格式多样的大数据对政府服务和监管能力提出了新的挑战，也带来了新的机遇，因此，迫切需要探索基于新技术手段的监管新方式、新路径。在公共服务和市场监管中积极稳妥、充分有效、安全可靠地运用大数据等现代信息技术，将是实现事中事后监管现代化的必然要求。

大数据依靠海量的数据搜集和精准的数据分析增强决策的科学性，帮助政府在监管过程中摒弃经验和直觉，通过生产、生活各个领域获取实时数据，及时掌握社会某一领域的趋势或更全面地了解某一事件的进展，从而做出更科学的决策，并对未来做出更准确的预测，提高应急响应能力①。结合已有文献和工作经验，我们认为，基于大数据的事中事后监管是指政府利用其所掌握的各类数据集合，通过运

---

① 董海明、董海军、陈琦：《大数据时代的政府治理与监管》，《党政论坛》2017 年第 8 期。

用大数据技术对市场主体的注册信息、行为轨迹及市场风险等进行动态分析与预测，从而实现高效、智能、精准监管的模式。具体而言，大数据在事中事后监管中可以发挥三方面作用。

一 推进政务信息共享，使监管"更全面"

习近平总书记在中央全面深化改革领导小组第36次会议上强调，注重系统性、整体性、协同性是全面深化改革的内在要求，也是推进改革的重要方法。大数据在实现事中事后监管过程中，可以推动技术融合、业务融合、数据融合，打通信息壁垒，有效解决"数据烟囱""信息孤岛"等问题，推动实现跨层级、跨地域、跨系统、跨部门、跨业务的协同监管合力。

二 加大新技术新手段应用，使监管"更精准"

市场监管部门可以利用大数据技术全面汇总自身数据、企业信用系统各部门归集数据以及互联网采集数据，通过数据整合关联建立企业全景画像和企业经营行为关系网络，及时掌握市场主体情况，开展主体风险监测，使监管更精准。李克强总理指出，"对一些钢厂项目，光靠审批是管不住的，而利用卫星遥感、大数据、互联网等新技术进行事中事后监管，企业是否违规建设一看就清楚了"。比如2016年，长江经济带发展领导小组办公室按季度对沿江省市非法码头进行遥感观测，使瞒报、漏报行为大幅减少，一些非法码头屡禁不绝、死灰复燃的情况也得到有效遏制。

三 健全日常监测预警体系，使监管"更有效"

充分运用大数据手段，有利于建立健全各领域的日常监测、风险评估和预警体系，并进一步根据监测评估结果，确定事中事后监管重点，有针对性地开展专项检查、随机抽查。这样既有利于提升监管精准度和有效性，在监管力量有限的情况下，真正使"好钢用在刀刃上"，也有助于减少现场执法，减轻监管对象负担。

第三节　本书内容和框架

本书共 11 章，可以划分为四大板块。

一　回顾现代监管理论及事中事后监管理论，厘清事中事后监管理论与实践的发展脉络（第一、二章）

在梳理事中事后监管政策及理论的基础上，结合大数据技术与应用阐述基于大数据的事中事后监管相关理论与实践。一是梳理现代监管理论及发达国家实践，二是总结事中事后监管的基本概念和相关理论，三是探讨事中事后监管的实践及面临问题，四是简要介绍关于大数据的概念、特征等，为进一步深入研究奠定基础。

二　构建基于大数据的事中事后监管分析体系（第三章）

一是明确基于大数据事中事后监管的目标，提高大数据运用能力，增强政府服务和事中事后监管的有效性。二是确定基于大数据的事中事后监管重点，主要包括监管领域、数据来源、方法路径等。三是设计基于大数据的事中事后监管的基本流程与方法模型，针对不同的主体、对象和需求采取有针对性的分析方法。

三　探索基于大数据的重点领域事中事后监管的创新应用（第四至十章）

为充分发挥大数据等新一代信息技术在事中事后监管工作中的巨大作用，创新监管方式方法，本书通过以下步骤探索相关路径：一是确定监管领域和环节，二是拓展各类数据来源，三是根据研究对象、目标及数据获取情况，构建事中事后监管大数据分析模型并开展评估分析，提出改进建议。在以上思路指导下，本书重点选取了重大项目、社会信用、生态环保、营商环境、金融风险、窗口服务等领域进行探索创新，具体内容在第四至十章详细展开。

四　总结基于大数据的事中事后监管在实践中存在的问题及建议（第十一章）

总结实践中发现的平台建设、数据共享开放、法律法规、技术保障等方面的问题，并就进一步加强大数据支撑事中事后监管提出相应的对策建议。

第二章
理论与实践综述

　　监管，含有监督和管理的双重含义，通常指监管者按照相关法律的基本规定，为实现监管目标，通过各种监管手段，有目的性和针对性地对被监管对象展开全面的、多角度的监督，并执行合理的管理措施。监管是政府职能的重要组成部分，是服务市场主体和维护市场秩序的有效途径，通过监管，一方面，可以打击违法行为，保护市场主体和公众合法权益，维护公平竞争秩序；另一方面，也可以减少信息不对称，有效维护市场机制发挥作用。基于大数据的事中事后监管是现代监管理论与新兴信息技术相结合的产物，也是一般事中事后监管的"升级版"。因此有必要总结回顾现代监管理论、发达国家市场监管经验，并对事中事后监管及大数据基础理论做进一步阐释。

第一节　现代监管理论和发达国家实践

一　现代监管理论的发展

　　现代监管起源于 19 世纪的美欧市场经济国家。当时为了回应寡头垄断、外部性明显等负效应，现代监管理论应运而生，最早见于19 世纪美国联邦政府对铁路行业的监管[①]。1887 年，美国总统批准

---

① 刘树杰：《论现代监管理念与我国监管现代化》，《经济纵横》2011 年第 6 期。

了《管制商务法》①，标志着联邦政府对铁路运输业监管的开始，该法案主要是以成本收益分析为核心，对一家独大情况下美国铁路公司的"价格歧视"进行"反垄断干预"②。美国联邦政府的监管对推进铁路运输业的健康发展，发挥了积极的促进作用。从反垄断与反不正当竞争领域开始，美欧市场经济国家的监管逐步延伸到以实现健康、安全、环保为目标的跨行业、全范围监管。美国率先建立了早期的监管型国家后，引发了发达国家社会科学界对监管问题的研究热潮③，此后对监管问题的研究经久不衰。目前相关研究已经相对成熟，关于监管主体、内容、方式等方面形成诸多理论共识。

1. 监管主体多元化

学术界对于监管主体的认识具有发展性，学者们早期普遍认为，监管的主体是政府，传统公共利益理论④、监管俘虏理论⑤等都以这一基本点作为分析的前提。但到 20 世纪 80 年代以后，欧美学者里斯（Rees）⑥、鲍尔（Power）⑦、帕克（Parker）⑧ 等开始重点研究行业或企业，布雷斯维特（Braithwaite）⑨ 等学者则对政府和企业之外第三方机构的监管作用特别重视，提出"审计社会"（Audit Society）和

① 牛保国、周骞：《运输管制与放松管制对美国运输业发展的影响》，《交通企业管理》2006年第8期。

② 谭克虎、荣朝和：《从〈管制商务法〉看美国铁路管制的演变》，《铁道经济研究》2004年第2期。

③ 刘鹏：《西方监管理论：文献综述和理论清理》，《中国行政管理》2009年第9期。

④ 杨凤：《政府监管的一种规范分析——传统公共利益理论述评及其政策应用》，《经济纵横》2007年第24期。

⑤ 王俊豪、鲁桐、王永利：《西方国家的政府管制俘虏理论及其评价》，《世界经济》1998年第4期。

⑥ J. Rees. *Reforming the Workplace*: *A Study of Self-regulation in Occupational Safety*. Philadelphia: University of Pennsylvania Press, 1988.

⑦ M. Power. *The Audit Society*: *Rituals of Verification*. Oxford: Oxford University Press, 1999.

⑧ C. Parker, Twenty Years of Responsive Regulation & Governance, 2013, 9 (1).

⑨ J. Braithwaite. The Essence of Responsive Regulation, *UBC Law Review*, 2011, 44 (3).

"监管社会"（Regulatory Society）等概念①。近年来，广义的"大监管"理念②被越来越广泛地应用，各种各样对行为产生影响的机制都属于监管的范畴，如行业协会成员可以由行业协会的规范来限制，专业领域可以由技术专业团体来监督。学者们普遍认为，现代监管的主体不再是单一政府部门，越来越多的公众、专业机构、行业协会也逐渐加入其中，从而形成"多元共治监管"的局面，其主体主要构成包括如下几点。

（1）政府机关部门。通常包括掌握合法监督管理权力的机构，包括中央政府和地方政府两个层面，这些机构拥有公认的权威和力量，承担着维护市场公平、创造良好营商环境的责任，处于最重要的地位，同时具有权威性。政府监管的主要职能包括：事前的合法合规性审批以及相关的信息披露、事中的运行态势监测预警，以及事后的评估反馈等。

（2）公众。可以作为社会成员对企业的市场行为和活动进行事中事后监管，社会公众可以通过各种渠道的投诉、举报、听证机制，在线上线下反馈自己遇到的问题。

（3）专业机构。第三方专业机构依托其公正性、专业性的优势，越来越成为现代监管的重要力量，这些机构既可以受政府或其他单位及个人委托，也可以独立开展工作，对企业活动进行专业评判，从而为监管提供依据，如会计师事务所、检验检疫机构、安全评估机构、环境工程评估机构等。

（4）行业协会。是市场经济条件下行业内部自我调节和约束的载体，其可在公平、自愿的前提下形成自律性规范，并在一定程度上监督成员单位遵守相关规则，成为监管主体不可或缺的重要组成部分。

---

① 周佳怡：《治理理论视角下行政审批事项事中事后监管研究》，华东师范大学硕士学位论文，2016。
② 杨炳霖：《监管治理体系建设理论范式与实施路径研究——回应性监管理论的启示》，《中国行政管理》2014年第6期。

2. 监管内容更丰富

现代监管理论认为，监管行为是一个动态化、持续性、长久化的过程，既包括传统意义上的审批，也包括对市场主体经营某项业务或实施某项工程的监管，这就突破以往工商行政管理的概念，进而囊括了工商、卫生、消防、安监、施工等诸多领域，监管的事项也从以往的材料审阅、实地考察拓展到实时监测预警、事后评估反馈等内容。

3. 监管方式信息化

随着商事登记制度改革的不断推进，市场主体跨行业经营、混业经营已经常态化，主营兼营界限越来越淡化，甚至在部分地区，企业可以自行选择从事非专项经营项目，这给以往主要靠人力开展线下监管的方式带来很大挑战①，所以现代监管理论也越来越开始强调使用现代化信息技术，如搭建数据平台，对需要事前审批的事项进行公示，同时努力打通数据共享渠道，实现监管主体之间的信息互通。此外还将监管结果尤其是处罚结果公示，并实施联合惩戒，让失信者"寸步难行"，让守信者"畅通无阻"。

二 发达国家的监管实践

发达国家在监管方面已经有几十年甚至上百年的实践，在有效解决市场失灵、外部性、信息不对称等问题方面进行了很多有益探索，监管范围不断扩大，监管水平不断提高，监管机制更加科学，监管手段逐步升级。通过研究发达国家在监管方面普遍采用的做法，可以总结出五个方面的经验。

1. 立法保障先行

比如，在环保领域，美国早期的《清洁空气法案》只赋予了政

---

① 李洪亮：《创新事中事后监管机制　构建大数据监管新格局》，《中国市场监管研究》2017年第 2 期。

府环境监管的职能，没有明确执法依据和标准；1970 年美国国会对法案进行修正，首次明确了空气污染物的组成、监测标准和强制措施，并授权组建联邦环保局，颁布实施《综合环境反应、赔偿和责任法》，以当时看来严苛细致的条款，奠定了环保监管执法的基础①。又如，在食品安全领域，欧盟建立了食品安全法规的基本框架，明确从田间地头到餐桌的综合监管体系，涵盖土壤、饲料、原料、加工、储藏、运输、消费等各个方面，2003 年修订出台《欧盟食品法典》②，进一步明确了欧盟各国必须遵守的食品安全执法准则和行动指南。

2. 实行分级监管

发达市场经济国家普遍采用垂直管理与属地管理相结合的协同监管体系，在中央层面建立完善的监管制度和体系，同时明确地方监管权责，形成分级监管、权责一致的执法体系。比如，日本环境省作为中央监管机构，向都道府县派出驻地方机构，并由派出机构监督地方环保部门开展环境治理监测、污染源分析、新建项目环评等工作，通过分级指导和逐级考核，确保监管有效实施③。

3. 强化全过程动态监管

比如，瑞士联邦卫生局对食品生产和流通的每一个环节都进行严格的检查和监督。供食用的畜禽一出生相关部门就将其在信息系统上登记注册，在畜禽的生产、加工、销售等各个环节，有关食品卫生的数据全部都有网络记录，而且同时与食源性疾病的监测网络和报告体系、动植物检疫防疫体系等监管系统联网共享，确保上市的食品安全

① 李冬梅：《论美国〈综合环境反应、赔偿和责任法〉上的环境责任标准》，《长春市委党校学报》2010 年第 6 期。
② 孙成媛：《中国与欧盟食品安全法律制度比较研究》，新疆大学硕士学位论文，2017。
③ 王丰、张纯厚：《日本地方政府在环境保护中的作用及其启示》，《日本研究》2013 年第 2 期。

可靠、可追溯、可查询①。

4. 建立健全惩戒机制

比如，日本对食品安全违法违规的处罚非常严厉，有经济罚款、刑事处罚，更有来自社会舆论的压力，一旦企业故意违法违规，被纳入社会道德体系黑名单，上下游企业、银行都会停止与该企业的合作，企业很快就彻底破产②。又如，美国建立了失信惩戒机制，失信行为将以法律许可的方式公之于众，不良信用记录一般会被保持 5 ~ 10 年。其间，有不良信用记录的企业和个人很难取得工商注册、信贷服务等③。

5. 注重发挥社会公众和行业协会在监管中的作用

发达国家将很多行业管理的职能赋予行业协会行使，比如德国煤矿行业协会制定了一系列非强制性法规，对加强煤炭生产事中事后监管发挥了巨大作用④。又如日本的食品安全监管虽然也是以政府为主导，但十分注重公众参与，其法律明确规定了食品安全政策制定过程中的公众参与，体现了公众至上的原则。日本政府十分注重公众对食品安全监督的参与，强调信息交流与共享的重要性，并要求研究单位、政府机构、生产企业、消费者之间进行有效的信息交流。为确保公众最大限度地参与食品安全监督工作，日本行政部门每年会公开招聘委托 6000 名消费者进行日常调查，监管食品安全⑤。

需要注意的是，发达国家政府出台监管举措主要是为了服务各国

---

① 苏方宁：《发达国家食品安全监管体系概观及其启示》，《农业质量标准》2006 年第 6 期。

② 刘厚金：《食品安全风险分析的法律机制：国外经验与本土借鉴》，《企业经济》2010 年第 11 期。

③ 任森春、姚然：《欧美国家失信惩戒制度及启示》，《安徽商贸职业技术学院学报（社会科学版）》2007 年第 3 期。

④ 顾锦龙：《德国煤矿安全管理的经验》，《中国应急救援》2009 年第 1 期。

⑤ 隋姝妍、小野雅之：《日本食品安全与消费者信赖保障体系的建设及对中国的启示》，《世界农业》2012 年第 9 期。

不同时期的经济、社会发展需要，虽然具有一定理论指导性和历史借鉴作用，但还需结合我国实情加以研究。

第二节　事中事后监管理论

事中事后监管，是指监管部门在市场主体成立后对其本身和经营行为的监督管理，从而实现及时预防市场风险，查处违法违规行为，规范市场秩序，对激发市场主体活力具有重要意义[1]。2013 年国务院总理李克强在讲话中明确提出"事中事后监管"后，国务院根据讲话精神出台了一批指导意见加快职能转变，各级政府也开始积极进行事中事后监管机制的探索。随之，事中事后监管在学术界也日益成为研究热点，相关研究文献不断涌现。截至 2018 年底，中国知网上已有上千篇以"事中事后监管"为主题的相关文献，并总体上呈现逐年增多的态势（见图 1），可见目前学界对事中事后监管已积累了一定的研究。

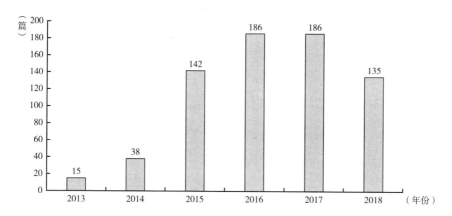

图 1　2013～2018 年中国知网上以"事中事后监管"为主题的论文数量

---

① 卢玉平、金铭、段晓军、王子豪：《加强事中事后监管问题研究》，《中国市场监管研究》2018 年第 2 期。

一 事中事后监管内涵

2013 年 11 月召开的十八届三中全会明确提出，要全面深化改革，发挥市场对于资源配置的决定性作用，并且更好发挥政府作用，同时推进我国市场规则的优化和完善，改革监管体系。2013 年 12 月新华社发表政策解读文章，提出"监管要对各类市场主体准入和准入后行为进行的规范、约束活动，是维护市场经济秩序的必然要求"。2013 年 5 月，国务院总理李克强在国务院机构职能转变动员会议上讲话指出，"大量减少行政审批后，政府管理要由事前审批更多地转为事中事后监管，实行'宽进严管'，加强事中事后监管"。①

通过对有关文件、文献的研究，我们认为，当前我国市场监管主体是政府或法律授权的公共机构，监管的对象是企业等市场主体，监管的目标是维护市场竞争秩序、营造公平竞争环境，这不仅包括事前的审批行为，也包括事中事后的监管活动。

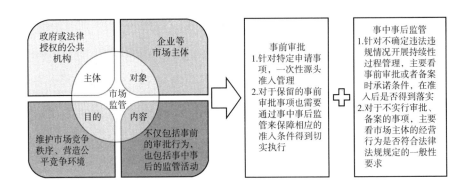

图 2　事中事后监管的内涵

---

① 《李克强在国务院机构职能转变动员会议上的讲话》，2013 年 5 月 14 日。http://www.gov.cn/ldhd/2013－05/14/content_2402749.htm。

具体来讲，事前审批监管针对的是特定的申请事项，是一次性的源头管理、准入管理工作。而事中事后监管，针对的是不确定的违法违规情况，是持续性的过程管理，主要是看事前审批要求的各项条件，或者备案时的承诺条件，在准入后是否得到了落实；对于不实行审批、备案的事项，事中事后监管主要是看市场主体的生产经营行为是否符合法律法规规定的一般性要求。从这个意义上讲，深化"放管服"改革，既要简政放权，又要放管结合并重，强化事中事后监管。给市场放权不是放任，是为了腾出手来加强事中事后监管。只有管得好，管到位，才能放得更开，减得更多，即使对于保留的事前审批事项，也需要通过事中事后监管来保障相应的准入条件得到切实执行。因此，事前审批与事中事后监管不是简单的对立关系，深化"放管服"改革要求政府部门把更多的精力从事前审批转到加强事中事后监管上。

二　事中事后监管外延

在转变政府职能、推进简政放权的过程中，既要把属于市场、公众、企业、社会组织和地方政府的权力让出去，最大限度地增进发展活力、创造力和运行效率；同时，放权又不等于一散了之，完全撒手不管，后续监管必须同步跟进，建立健全对取消下放审批事项的事中事后监管制度，防止取消下放后出现"管理真空"，发生"一放就乱"。具体来看，事中事后监管的外延包括三个方面。

1. 针对取消审批事项的事中事后监管

需要根据原审批事项的性质、内容和要求，建立后续监管制度，规范市场主体行为，防止监管缺位。监管内容主要包括：①市场主体行为是否符合法律法规、产业政策；②是否符合国家安全、行业标准；③是否存在垄断和不正当竞争行为；④信用建设、收费行为、信息公开等方面是否存在问题。监管方式主要包括：①对容易出现风险的重点行业、重点领域，加强风险监测、风险预警；②对反映问题较多的领域，开展专项检查；③对通过各种渠道发现的问题及风险点，及时按规定进行处置。

表1　事中事后监管的外延

	监管目的	监管内容	监管方式
取消和下放事项的后续监管	➢对取消行政审批事项，根据原审批事项的性质、内容和要求，建立后续监管制度，规范市场主体行为，防止监管缺位 ➢对于下放审批事项，指导和监督承接机关接管好承接事项	➢是否符合法律法规、产业政策、国家安全、行业标准 ➢是否存在垄断和不正当竞争行为 ➢是否存信用建设、收费行为、信息公开等方面问题 ➢是否将承接事项纳入地方行政审批目录清单和权责清单 ➢是否严格执行法律法规规定条件、程序、期限和要求	➢容易出现风险的重点行业、重点领域，加强风险监测、风险预警 ➢对反映问题较多的领域，开展专项检查 ➢对通过各种渠道发现的问题及风险点，及时按规定进行处置 ➢出台指导性方案、规划、办法，加强业务培训和指导 ➢建立健全监督机制，制定相关审批和监管制度，报备审批结果 ➢畅通投诉举报、信访、行政复议等社会监督渠道，促进依法监管
保留事前审批事项的事中事后监管	➢从事特定活动是否在事前经过依法审批，对未经行政审批、擅自从事相关活动的行为进行惩处 ➢从事特定活动是否符合审批时确定的条件、标准、范围、方式等，以及市场主体履行法定义务、提供产品或服务质量等情况 ➢行政审批中介服务机构从事特定活动是否合法合规，包括资格资质、服务质量及收费标准等		

2. 对于下放审批事项的事中事后监管

重点是指导和监督承接机关管好承接事项。监管内容主要包括：①承接机关是否将承接事项纳入地方行政审批目录清单和权责清单，是否存在违规继续下放审批层级的情况；②承接机关在行政审批过程中是否严格执行法律法规规定条件、程序、期限和要求；③承接机关对审批事项是否履行事中事后监管责任。监管方式主要包括：①出台指导性方案、规划、办法，加强业务培训和指导，确保承接机关具有承接能力；②建立健全监督机制，要求承接机关制定相关审批和监管制度，并报备审批结果；畅通投诉举报、信访、行政复议等社会监督渠道，促进承接机关依法审批、依法监管。

3. 保留事前审批事项的事中事后监管

监管内容主要包括：①市场主体从事特定活动是否在事前经过依法审批，对未经行政审批、擅自从事相关活动的行为进行惩处；②市场主体从事特定活动是否符合审批时所确定的条件、标准、范围、方式等，以及市场主体履行法定义务、提供产品或服务质量等情况；③行政审批中介服务机构从事特定活动是否合法合规，包括资格资质、服务质量及收费标准等。

三 事中事后监管的类别

根据不同视角，事中事后监管可以有多种分类方式，如图 3 所示。

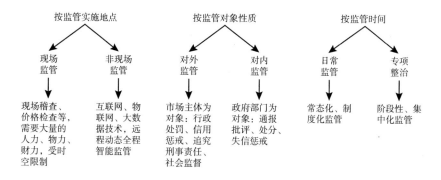

图 3 事中事后监管的类别

1. 按照监管实施地点，可以分为现场监管和非现场监管

现场稽查、价格检查等都属于现场监管，书面报告、日常监测等

属于非现场监管。现场监管需要投入大量的人力、物力、财力，还受时间、空间的限制，有很大的局限性，并且对监管对象干扰较大，也容易产生权力寻租。从发展趋势看，现场监管越来越受到严格的程序限制，非现场监管越来越多地被采用。特别是随着互联网、大数据、云计算、物联网、卫星遥感等现代信息技术的广泛运用，很多地方和领域，积极探索"制度＋技术"的智能监管、大数据监管，实时动态全过程的非现场监管逐步成为常态。

2. 按照监管对象性质，可以分为对外监管和对内监管

对外监管的监管对象是市场主体。监管措施主要有四类。①行政处罚。《行政处罚法》规定，行政处罚的种类包括警告、罚款、没收违法所得、没收非法财物、责令停产停业、暂扣或者吊销许可证、暂扣或者吊销执照等。如《企业投资项目核准和备案管理条例》规定了责令停止建设、责令停产、责令限期改正、恢复原状、撤销核准文件、罚款等处罚方式。在全国层面，行政处罚原则上应当由法律、行政法规设定；尚未制定法律、行政法规的，部门规章对违反行政管理秩序的行为，可以设定警告或者一定数量的罚款。②信用惩戒。按照规定程序和途径，将监管结果推送至全国信用信息共享平台和国家企业信用信息公示系统，实施联合惩戒。③追究刑事责任。对执法中发现的严重违法线索，及时移送公安机关、检察机关侦察起诉。④社会监督。采取通报、上网公开、新闻报道等方式，使监管结果发挥更大的警示作用。

对内监管的监管对象是行政系统内的下级单位及责任人员。监管措施主要有两类。①通报批评、责令改正以及其他行政性监管措施。目前，这方面的法律法规还相对较少，政策工具选择余地较大。②行政处分、纪律处分。主要针对监管过程中发现的国家工作人员的违法行为，根据《公务员法》《中国共产党纪律处分条例》等进行问责。同时，随着政务诚信体系的逐步建立，对行政机关的失信惩戒也将成

为对内监管的重要内容。

3. 按照监管时间，可以分为日常监管和专项整治

日常监管是监管部门平时开展的监管活动，是一种常态化、制度化的监管。专项整治是针对出现的较为集中或较为普遍的问题，统一进行检查、整顿，是一种阶段性、集中化的监管。从目前我国市场秩序的情况看，对领导高度关注、群众反映强烈的问题进行专项整治，在今后一段时期内仍然十分必要。

第三节　我国事中事后监管实践进展及面临的主要问题

在新中国成立后的很长一段时间里，受历史因素影响，我国政府部门更倾向于用审批来代替监管。十八大以来，党和国家对全面深化改革、加快转变政府职能做出了系列部署并推动多项改革，国务院把简政放权作为全面深化改革的"先手棋"和转变政府职能的"当头炮"，采取了一系列重大改革措施，并取得积极成效①。但是，简政放权绝不是放任不管，而是要在政府的有效监管下，维护市场秩序的公平公正，因此监管部门必须在持续简政放权的同时及时跟进事中事后监管，做到放管结合，才能有效维护和营造公正有序的市场环境，为经济健康发展提供支持和保障②。

一　事中事后监管实践

从顶层设计看，在国家领导人讲话明确提出"事中事后监管"后，各部门纷纷围绕"事中事后监管"开展各项工作，先后出台

---

① 《国务院印发简政放权方案》，《中国投资》2015 年第 6 期。
② 李利利、刘庆顺：《放管结合　助力事中事后监管》，《对外经贸》2017 年第 7 期。

了多项指导意见。近年来，国务院先后印发了一系列政策文件，明确了全面加强事中事后监管的政策框架和依据，推动监管重心由事前审批转为事中事后监管，努力打造综合监管与行业领域专业监管、社会协同监管分工协作、优势互补、相互促进的事中事后监管机制，构建以法治为基础、企业自律和社会共治为支撑的监管新格局。

表2 2014年以来国家出台的"事中事后监管"相关政策文件

序号	时间	政策文件	核心内容描述
1	2014年7月	《国务院关于促进市场公平竞争维护市场正常秩序的若干意见》（国发〔2014〕20号）	坚持运用法治思维和法治方式履行市场监管职能，加强事中事后监管，推进市场监管制度化、规范化、程序化，建设法治化市场环境
2	2015年4月	《国务院办公厅关于清理规范国务院部门行政审批中介服务的通知》（国办发〔2015〕31号）	审批部门能够通过征求相关部门意见、加强事中事后监管解决以及申请人可按要求自行完成的事项，一律不得设定中介服务
3	2015年7月	《国务院办公厅关于运用大数据加强对市场主体服务和监管的若干意见》（国办发〔2015〕51号）	充分运用大数据、云计算等现代信息技术，提高政府服务水平，加强事中事后监管，维护市场正常秩序，促进市场公平竞争，释放市场主体活力，优化发展环境
4	2015年8月	《国务院办公厅关于推广随机抽查规范事中事后监管的通知》（国办发〔2015〕58号）	规范事中事后监管，落实监管责任，确保事中事后监管依法有序进行，推进随机抽查制度化、规范化
5	2015年10月	《国务院关于"先照后证"改革后加强事中事后监管的意见》（国发〔2015〕62号）	按照谁审批、谁监管，谁主管、谁监管的原则切实履行市场监管职责，加强"先照后证"改革后的事中事后监管，防止出现监管真空

续表

序号	时间	政策文件	核心内容描述
6	2017 年 1 月	《国务院关于印发"十三五"市场监管规划的通知》(国发〔2017〕6 号)	加强事中事后监管,建立以信用为核心的新型监管机制,通过信用监管机制,提高信息透明度
7	2017 年 5 月	《国务院办公厅关于加快推进"多证合一"改革的指导意见》(国办发〔2017〕41 号)	精简事前审批,加强事中事后监管,探索市场监管新模式,全面推行"双随机、一公开"监管
8	2018 年 7 月	《国务院关于加快推进全国一体化在线政务服务平台建设的指导意见》(国发〔2018〕27 号)	整合市场监管相关数据资源,推动事中事后监管信息与政务服务深度融合、"一网通享"
9	2018 年 10 月	《国务院关于在全国推开"证照分离"改革的通知》(国发〔2018〕35 号)	加强事中事后综合监管,创新政府管理方式,进一步营造稳定、公平、透明、可预期的市场准入环境
10	2018 年 11 月	《国务院办公厅关于聚焦企业关切进一步推动优化营商环境政策落实的通知》(国办发〔2018〕104 号)	逐一制定出台直接取消审批、审批改为备案、实行告知承诺或优化准入服务的具体办法和加强事中事后监管的措施
11	2019 年 2 月	《国务院关于在市场监管领域全面推行部门联合"双随机、一公开"监管的意见》(国发〔2019〕5 号)	强化企业主体责任,实现由政府监管向社会共治的转变,以监管方式创新提升事中事后监管效能
12	2019 年 3 月	《国务院办公厅关于全面开展工程建设项目审批制度改革的实施意见》(国办发〔2019〕11 号)	进一步转变监管理念,完善事中事后监管体系,统一规范事中事后监管模式,建立以"双随机、一公开"监管为基本手段,以重点监管为补充,以信用监管为基础的新型监管机制

续表

序号	时间	政策文件	核心内容描述
13	2019 年 4 月	《政府投资条例》(中华人民共和国国务院令〔2018〕第 712 号)	投资主管部门和依法对政府投资项目负有监督管理职责的其他部门应当采取在线监测、现场核查等方式,加强对政府投资项目实施情况的监督检查,项目单位应当通过在线平台如实报送政府投资项目开工建设、建设进度、竣工的基本信息

从具体实践看,随着"放管服"改革向纵深推进,许多部门和地方围绕加强事中事后监管、提高监管的针对性有效性,做了不少探索和尝试。主要体现为三个特点。

1. 搭建监管信息化平台

一些地方和部门搭建了事中事后监管信息化平台,整合当地各部门的监管信息,并探索建立跨行业、跨部门的全流程事中事后监管体系。比如,上海市政府官网报道,浦东新区市场监督管理局在建成运行事中事后综合监管平台后,依托平台明确各部门的监管职责,并联通工商、建设、质监等多个部门,落实国务院要求的双告知、双随机、联合惩戒、监管预警等监管制度与措施。其中,"双告知"功能,将审批信息在告知申请人的同时,按职能推送相关部门,明确了各部门对同一企业的不同监管职责,实现无缝监管。"监管预警"功能,在部门间同步推送市场主体的违法违规信息,做到"一家知情,家家周知"①。又如,《贵州日报》报道贵州省紧紧围绕交通数据"聚、通、用"三大任务,将数据资源与行业监管深度融合,打造"智能交通云"平台。该平台已建成全省统一视频监管平台和数据中

---

① 《浦东新区市场监管局以系统集成为原则,构建无缝衔接的监管闭环》,http://www.shanghai.gov.cn/nw2/nw2314/nw2315/nw15343/u21aw1279801.html。

心，汇聚行业内人、车、户和基础设施、运行监测、养护管理等基础数据 117 类，主要业务实现 100% 云化迁移，为利用大数据加强行业监管提供了数据支撑。同时，先后与交警卡口、气象预警、景区流量等 9 类数据实现共享，区域数据共享扩大到"六省一市"，实现了跨层级、跨部门、跨区域数据资源整合，破除"信息孤岛"①。

2. 以清单规范重点领域监管内容及要求

一些地方在编制完成权责清单的基础上，探索编制形成事中事后监管清单。如《湖北日报》报道武汉东湖高新区政务服务局，对发改、国土、规划等 9 个部门 172 项监管事项进行全面梳理，将监管任务分为双随机抽查、专项检查、投诉举报、大数据预警 4 类，将监管内容细分为监管部门、监管依据、监管对象、监管内容及标准、监管方式、监管措施、监管程序、监管处理、涉及其他部门及职责、监管责任追究、监管投诉方式等 11 项，内容清晰，一目了然②。又如，广州市推行"监管清单"全面打造事中事后监管新体系，选取环保、安监、食药、劳动保障等监管领域开展"监管清单"试点改革，对监管标准进行全面梳理、细化和完善，着力解决"谁来监管""怎么监管""标准如何"等现实难点问题，并逐步向全区推广。监管清单包括监管主体、监管范围、监管标准、监管协同、监管数据、监管服务六大模块，各部门按照上述类别编制"标准化"监管清单，着重对信任审批、分级分类、风险评估监测、应急管理、现场检查、监督抽查及后处理、行政执法等重点环节规范进行查漏补缺，完善优化，为实现智能监管奠定基础③。

---

① 《贵州省各界热议"四个加快"推动大数据创新发展》，http://szb.gzrbs.com.cn/gzrb/gzrb/rb/20180529/Articel05002JQ.htm。
② 《武汉东湖高新区新设政务服务局 接管 9 部门行政审批权》，http://www.hubei.gov.cn/zwgk/rdzt_v12/2013mhwzzt/jczd/jczdyw/201508/t20150804_699254.shtml。
③ 《广州开发区推行"监管清单" 全面打造事中事后监管新体系》，《机构与行政》2015 年第 9 期。

3. 形成多主体共同参与的监管格局

一些地方和部门积极探索建立市场主体自律、行业自治、社会监督、政府监管"四位一体"的事中事后监管格局，力求实现多元共治。如江苏省发改委印发《江苏省发展改革委委托投资咨询评估管理办法》，注重发挥江苏省行业部门在规范市场秩序、开展行业自律、制定行业标准等方面的作用，同时委托第三方专业机构，对咨询评估的过程进行检查，对咨询评估报告的质量进行评价，对咨询评估的实际效果进行跟踪，发挥第三方专业机构在事中事后监管中的作用[1]。又如，芜湖政府网显示，安徽省芜湖市以多元化协同共治机制为保障，强化监管效力，推动监管长效化，当地畅通群众投诉举报渠道，将12345市长热线、投诉电话、网络举报平台等信息，以及媒体、行业协会等监督信息与综合监管信息平台联通，以社会监督约束市场主体行为，推动形成社会广泛参与的监管格局，构建良好的市场共治生态系统[2]。

二 事中事后监管存在的问题

近年来，我国市场主体快速增长，新产业、新业态、新模式不断涌现，同时随着简政放权不断深入开展，事前准入的监管趋于弱化，更强调事中事后监管。但在不断完善事中事后监管的过程中，一些地方和部门也面临着诸多困难，集中表现为"五个滞后"。

1. 理念更新滞后

长期以来的事前审批管理模式形成了"重审批、轻监管"，甚至"只审批、不监管"的思维惯性，导致个别地区和部门对事中事后监

---

[1] 《关于印发〈江苏省发展改革委委托投资咨询评估管理办法〉的通知》，http://fzggw.jiangsu.gov.cn/art/2013/10/24/art_50999_7275510.html。

[2] 《芜湖市人民政府关于2017年法治政府建设情况的报告》，http://www.wuhu.gov.cn/zwgk/detail/5ab4964a7f8b9ada59e19c8a.html。

管仍然存在一些思维误区，与当前的改革趋势背道而驰。具体表现如下。①认为"事前审批比事中事后监管更能立竿见影"，希望通过准入审批就能一劳永逸，而对长期跟踪监管存在抵触心理。②认为"审批职能与监管职责可以'一放了之'"，片面认为审批权限取消下放后，相关监管职责也随之取消和弱化或者移交给行业主管部门和社会组织。③认为"事中事后监管改革'动了自己的奶酪'"，个别地区和部门立足于本位主义，事中事后监管相关改革调整了职权分配，触及了部门利益，因而主观上积极性不高。这说明目前还有不少人没有认识到加强事中事后监管对推动放管服改革以及转变政府职能打造服务型政府的重大意义，在下一步深化事中事后监管改革中，还需要进一步加强体制机制和方法手段创新，从而倒逼形成适应新发展要求的监管理念。

2. 法规制度建设滞后

尽管国家已经出台诸多事中事后监管的相关政策，但目前较为零散，相应的实施细则和协调机制也远未成熟，法规建设滞后突出表现为两个"不健全"。

一方面，法规体系不健全。"事中事后监管"是十八大以来党和国家推进行政体制改革的重要新举措，是正在探索中的新实践，相关法律法规体系建设还有待完善。①已出台的法规层级不高。当前事中事后监管的实施依据主要是中央层面发布的指导性意见和通知要求，以及部分机构先后颁布的部门规章，从法律层级看远达不到全国人大立法的法律效力。②监管范围覆盖不够。十八大以来国内新经济迅猛发展，网约车、在线短租、众创空间等各类新产业、新业态、新模式层出不穷，创新不断，然而相应的事中事后监管明显滞后，相关职能部门有的对新经济监管不到位，出现"不敢管、不会管、不想管"的局面，有的想管好却无从下手，导致出现了诸多"用老办法监管新经济"的做法，屡屡引发公众质疑。③社会力量培育不足。传统监管的主体往往是政府机构及其履行监管职能的附属单位，但随着事中事后监管的提出和实践，吸纳部分非行政力量作为参与事中事后监管的新主体已经势在必行，相关政策文件中虽然也有"社会公众监督"的提法表述，但在法律法规层面并没有明晰行业协会、专业化机构、社会公众、市场主体自身在参与监管活动中的角色地位。

另一方面，实施细则不健全。事中事后监管提出并实施以来，中央层面的顶层设计已经指明了事中事后监管的大方向，并且正在逐步完善，但在部委或省级及以下，具体的配套实施细则仍有待健全。各地区、各部门缺少对事中事后监管的具体细化规定，导致监督检查没有被纳入法制化、制度化轨道，使监管的自由裁量性过大。由于在监管的具体内容、依据、措施、程序等方面缺乏相应的实施细则，也没有标准化、规范化的操作指引，部分地方在如何进行事中事后监管上仍然比较迷茫，即使想介入事中事后监管也无抓手，难以执行。

3. 方法手段滞后

一些地方和部门在开展事中事后监管的过程中借助互联网、大数据等信息科技手段远远不够，相应的平台、设备也配备不足，甚至仍然停留在街头巡查、"运动式"整治等传统现场执法阶段，习惯于集中式、突击式检查等传统方式。但在当前商事制度改革放宽对市场主体设立要求的大背景下，市场主体数量急剧增加，市场经营方式更加灵活，事中事后监管任务强度、难度和复杂程度大大增加，靠过去"人海战术""以罚代管"的老办法，根本无法对海量参与者、资源及交易过程开展实时、有效的监督，很容易出现监管"空档期"和"空白点"。如面对共享单车随意停放等问题，个别地方为维护市容市貌和交通秩序而采取"扣押车辆""一禁了之"等简单粗暴的做法，付出高昂成本却未根本解决问题，反而加剧了公众出行困难，陷入政府、市场和市民"三输"的困局。

4. 监管力量配备滞后

随着简政放权改革的不断推进，大量事项被下放到省级及以下进行审批和监管，使地方尤其是基层事中事后监管力量更加捉襟见肘，编制少，人手紧，流动性大等各类困难更加严峻，突出表现在两个方面。①人手不足。近年来各级政府层层强调抓落实，地方基层任务不断加码，考核也越来越严。事中事后监管铺开之后使原本力量薄弱的基层监管人手更加紧张，特别是尚未形成专业监管队伍的部门，他们长期以来对"以批代管"的行政审批工作相当熟悉，但对如何监管相对陌生，面对当前监管内容和方式的转变，这些部门在人员配备、编制职数方面还存在较大缺口。②力量分散。在事中事后监管中，监管权力和力量分散于不同机构，同时机构之间互不隶属且缺少必要的沟通联动机制，导致监管的效率十分低下。例如，市场监管领域常见的机构包括安监、质检、食药监等部门，在大多数地方这些部门往往分别自成体系，各自为战，监管信息和结果互不沟通，很容易造成多头检查、重复执法，既浪费了监管力量，又干扰了市场主体正常经营。

5. 多元协同监管意识滞后

事中事后监管既是一项专业性非常强的业务，也是一项社会影响广泛的工作，因此不仅需要政府相关职能部门的直接监管，也少不了各方面社会力量的广泛参与，只有这样才能形成多元协同加强事中事后监管的良好局面。但当前事中事后监管仍然以政府部门为主体，社会监管虽然越来越被人们关注，但公众参与的氛围、规定和机制还远未成形。从政府角度看，政府习惯性地承担绝大部分监督管理的责任，同时也牢牢抓住相关权力，不愿"改手中的权、去部门的利、割自己的肉"。从公众角度看，在以往政府包揽一切的运作方式影响下，社会公众还是习惯性地将监管的责任抛给政府，同时自身参与意愿、能力以及时间精力也往往难以跟上。此外，现行法律法规中对监管权的规定仍以政府为主，尽管近年来的一些政策文件已经出现了推动公众参与事中事后监管的意向，但缺乏对组织形式、参与途径、方法手段的明确指导，因而无法真正落地。

综上所述，当前事中事后监管迫切需要引进新的理念机制、方法手段和协同力量，而大数据技术的创新应用将为此提供良好契机，破解事中事后监管面临的种种难题。

第四节　大数据的概念与特征

习近平总书记在 2017 年 12 月中央政治局集体学习中指出：大数据是信息化发展的新阶段，对经济发展、社会治理、国家管理、人民生活都产生了重大影响，并强调要运用大数据提升国家治理现代化水平，建立健全大数据辅助科学决策和社会治理的机制，推进政府管理和社会治理模式创新，实现政府决策科学化、社会治理精准化、公共服务高效化，实现跨层级、跨地域、跨系统、跨部门、跨业务的协同管理和服务，加强政企合作、多方参与，加快公共服务领域数据集中和共享，推进同企业积累的社会数据进行平台对接，形成社会治理强大合力。

一　大数据的产生背景

当前，大数据（Big Data）一词越来越多地被提及，人们用它来描述和定义信息爆炸时代产生的海量数据，并命名与之相关的技术发展与创新①。大数据时代的到来，有着深刻的科技、社会以及时代背景作为基础，具有历史必然性。

一是日益发展的科学技术使一些原本不能获取到的数据变得可以

---

① 李国杰、程学旗：《大数据研究：未来科技及经济社会发展的重大战略领域——大数据的研究现状与科学思考》，《中国科学院院刊》2012 年第 6 期。

获取，科技的进步让人们能够得到很多原来不能得到的数据。最典型的例子就是人类基因数据。每个人的基因中都包含大量的数据，但由于技术不足，科学家在很长一段时间都无法得到这些数据，而基因测序技术的发展使获得这些数据变为可能。

二是数据收集技术的飞速发展。数据不需要再依靠人工的收集与输入，安装在人们的手机、汽车、智能电表、平板电脑等物理设备中的网络传感器就能够自动地感知、记录并传输超大规模的数据，类别涵盖行为、目的、数量等传统数据，以及区位、温度、震动、信号网络等新型数据。

三是电脑与网络改变了人们的生活方式。网络服务从沟通、工作、出行、娱乐等多个方面给人类的生活方式带来巨大变化，它又以数字化的方式记录下人们生活中的点点滴滴。

四是数据处理硬件技术的进步，大数据的存在始终不能脱离其载体，硬件技术的发展是大数据的坚实后盾。一方面，体积更小、存储量更大、价格更便宜的数据存储硬件给了世界承载大数据的空间。另一方面，处理速度更快、效率更高的处理器及内存等硬件的发展使处理大数据变得可能，降低了分析大数据的门槛，从而让大数据的处理和分析得以广泛普及。正是以上诸多条件的具备，才使大数据时代的到来成为可能。

二 大数据的基本概念

2008 年 9 月 4 日《自然》（*Nature*）杂志推出"大数据"（Big Data）专刊①，重点介绍了"大数据"的概念。美国著名商业分析师、科技自由撰稿人帕姆·贝克（Pam Baker）认为："大数据是各类数据集合的汇总，包括一切结构化和非结构化的数据，一切由物理

---

① Big Data. *Nature*, 2008, 455 (7 209)：1 – 136.

数据源转换为在线数据集，以及事务型、非事务型的数据库。"① 英国学者舍恩伯格（Schönberger）在其著作《大数据时代》中强调："大数据是指不用随机分析法这种捷径，而采用所有数据的方法。"② 麦肯锡全球研究院认为，"大数据是指无法在一定时间内使用传统的数据库软件工具对其内容进行获取、管理和处理的数据集合"③；中国工程院院士李国杰认为，"大数据是指无法在可容忍的时间内用传统 IT 技术和软硬件工具对其进行感知、获取、管理、处理和服务的数据集合"④。国家《促进大数据发展行动纲要》中对大数据的定义为：大数据是以容量大、类型多、存取速度快、应用价值高为主要特征的数据集合，正快速发展为对数量巨大、来源分散、格式多样的数据进行采集、存储和关联分析，从中发现新知识、创造新价值、提升新能力的新一代信息技术和服务业态⑤。

三 大数据的基本特征

与传统意义上的数据相比，大数据具有以下一些显著特点。

1. 数据体量大（Volume）

大数据的计量单位通常为 PB、EB、ZB⑥。目前，大数据的规模尚是一个不断变化的指标，单一数据集的规模范围从几十 TB 到数 PB 不等。国际数据公司（IDC）最近的报告预测称，到 2020 年，全球

---

① Pam B., Bob G., *Data Divination*: *Big Data Strategies*, 2014.
② 〔英〕维克托·迈尔–舍恩伯格、肯尼思·库克耶著《大数据时代：生活、工作与思维的大变革》，盛杨燕、周涛译，浙江人民出版社，2013。
③ Mckinsey Global Institute, Big Data: The Next Frontier for Innovation, Competition and Productivity, 2011.
④ 李国杰、程学旗：《大数据研究：未来科技及经济社会发展的重大战略领域——大数据的研究现状与科学思考》，《中国科学院院刊》2012 年第 6 期。
⑤ 《国务院关于印发促进大数据发展行动纲要的通知》，http://www.gov.cn/zhengce/content/2015-09/05/content_10137.htm。
⑥ 1ZB＝10 亿 TB＝1 万亿 GB。

数据量会从 4.4ZB 猛增到 44ZB，而到 2025 年，全球会有 163ZB 的数据量[①]。

图 4　大数据的"4V"特征

2. 数据类型多（Variety）

大数据的数据类型呈多样化，不仅有结构化数据，也有半结构化数据和非结构化数据。随着互联网时代的来临，信息进入爆发式增长阶段，数据的主要形式已不再是单一结构化的，信息正通过各种渠道和方式以不同的类型产生。数据多样性的增加主要是由新型多结构数据，以及网络日志、社交媒体、互联网搜索、手机通话记录及传感器网络等数据类型造成的。

3. 数据的快速处理和响应（Velocity）

当前数据呈爆炸性增长，实时数据在大数据中占的比重越来越高，需要数据处理的速度相应地提升，并要求对海量数据进行快速、实时地响应处理，这是传统信息技术手段难以做到的。比如搜索引擎要求几分钟前的新闻能够被用户查询到，个性化推荐算法尽可能要求

---

① 张开秋、段雪莲：《大数据：变革世界的关键资源》，《决策探索》（下半月）2016 年第 6 期。

实时完成推荐；商店需要每天根据销售情况及时对即将售完的产品进行补货，如果缺乏快速地分析应对能力，其存货数据就会失去存在的价值。

4. 数据价值密度低（Value）

大数据方法在数据采集时大大放松了对数据质量的要求，所以采集的数据并非完全有价值。大数据一般也不直接体现价值，而是需要通过挖掘、分析后才能从中提取有价值的信息，即使掺杂了少量劣质数据也不会影响最终的分析结果。此外，大数据注重数据的关联性，通过对各种数据进行关联性比对后可以产生巨大的价值。

第三章
事中事后监管大数据分析体系

第一节　基于大数据的事中事后监管目标

基于大数据的事中事后监管，目的在于充分发挥大数据、互联网、移动计算等新一代信息技术手段的作用，构建事中事后监管工作的大数据采集、分析、展现机制，提高大数据运用能力，增强事中事后监管的有效性。核心在于高效采集、有效整合、充分运用政府数据和社会数据，健全政府运用大数据的工作机制，将运用大数据作为提高政府治理能力的重要手段，不断提高事中事后监管的针对性、有效性，形成超前预警、及时发现、精准应对、全程跟踪的事中事后监管工作大数据支撑保障体系和机制。具体而言，主要实现以下三个目标。

一　推动简政放权和政府职能转变，促进市场主体依法诚信经营

随着简政放权和商事制度改革的不断推进，企业主体数量的增长大大提速，而且这一增长趋势会在一定时期内继续保持。因此必须尽快提升政府大数据能力，以适应快速发展的监管职能要求。运用大数据提高政府公共服务能力，加强对市场主体的事中事后监管，为推进简政放权和政府职能转变提供了基础支撑，从而实现建立跨地区、多部门的信用联动奖惩机制，构建公平诚信的市场环境的目标。

二 提高政府服务水平和监管效率，降低服务和监管成本

党的十八届三中全会提出要让市场在资源配置中起决定性作用，这就意味着政府提高主动服务市场的能力，尤其是提高在注册登记、项目审批、备案、认证等方面的行政效率；同时，政府监管要适度后移，减少对经济活动的事前限制，使政府职能进一步向"服务化"转型。因此要做到充分运用大数据的理念、技术和资源，完善对市场主体的全方位服务，加强对市场主体的全生命周期监管。同时，根据服务和事中事后监管需要，有序推进政府购买服务，不断降低政府运行成本。

三 促进政府监管和社会监督有机结合，构建全方位的市场监管体系

国务院办公厅《关于运用大数据加强对市场主体服务和监管的若干意见》提出"政府监管和社会监督有机结合"，构建全方位的市场监管体系。因此要通过政府信息公开和数据开放、社会信息资源开放共享，提高市场主体生产经营活动的透明度。有效调动社会力量监督市场主体的积极性，从而形成全社会广泛参与的监管格局。

第二节 基于大数据的事中事后监管流程与重点

依托大数据技术优势和分析手段，重点围绕如下方面强化事中事后监管工作。

一 明确监管领域，确定监管对象及主要环节

根据国务院关于事中事后监管的相关部署，结合相关职能单位的监管需求，分析研判可以利用大数据加强事中事后监管的领域，并确

定相应的监管对象和主要环节。经过一段时期的研究积累，我们认为基于大数据开展事中事后监管的优先领域主要包括重大工程项目、信用、环保、营商环境、金融、价格等。

二　根据监管对象的特征选取相应的、能反映实际情况的数据源

在开展大数据事中事后监管时常用的数据源包括：①有关市场监管数据、法定检验监测数据、违法失信数据、投诉举报数据和企业依法依规应公开的数据；②企业公示的生产经营数据、销售物流数据等；③重大项目建设情况数据；④其他相关数据，如涉及该项活动的用电量、工程机械作业数据，以及相关企业招聘、招投标、新闻报道、周边区域手机信令、卫星遥感（影像及灯光）、生态环境（大气、水源、土壤）数据等。

三　采取合适分析手段，对可获取、有价值的数据进行处理、关联、挖掘

构建大数据监管模型，进行关联分析，及时掌握市场主体行为、规律与特征，及时发现违法违规现象，提高政府科学决策和风险预判能力。在事前阶段，可以通过大数据对企业的经营行为轨迹进行整理和分析，全面、客观地评估企业经营状况和信用等级，并对重大项目是否办理审批、核准、备案手续，是否符合产业政策、专项规划或有关宏观政策，是否存在申报材料弄虚作假、招标投标违法违规、政府违规举债等情况进行核验。在事中事后阶段，可以通过大数据对企业是否按照审批、核准、备案内容进行建设，是否存在转移、侵占、挪用中央预算内资金，是否存在工期严重滞后等情况进行监测。重点从项目落地实施、保障落实投资、规范工程管理入手，将现场稽查、线上监测和线下检查有机结合，确保提高监管效率，提升监管效能。

四 对数据分析结论进行综合研判，形成事中事后监管大数据分析报告，或以大屏方式进行可视化展现

通常包括分析具体领域的历史背景、发展现状、舆情反响、存在的问题以及意见建议等。

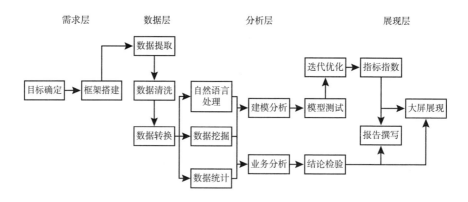

图5 基于大数据的事中事后监管研究路线

第三节 事中事后监管大数据的主要分析方法

本书结合工作实际，总结了基于大数据的事中事后监管常用的主要分析模型与技术方法，在实践中可以针对不同的主体、对象和需求开展有针对性的分析研究。

一 基于手机信令的人流位置分析方法

1. 原理介绍

手机信令数据是一种时空轨迹大数据，是手机用户在移动通信网中活动留下的时空轨迹。其重要特点是在时间分辨率上较为连续。其原理在于，在手机持续开机状态下，一般以至少1小时的间隔连续记录用户空间位置。在目前的情况下，在去除位置连续重复的信令后，4G 用户人均信令数量约为每日 150 条。一个 400 多万用户的大城市，每日信令总数量就有约 6 亿条，所以手机信令数据是一种典型的大数据[①]。

本模型所依赖的手机信令数据主要来自中国移动、中国联通、中国电信等通信服务商，一方面，手机用户群体数量和手机使用率的不断提高，保证了手机信令数据的样本数量和随机性特征。另一方面，无线通信网络覆盖区域的不断扩大，手机信令数据的时空信息具备时间连续性和空间覆盖性等优点，使手机大数据成为大范围、低成本、覆盖多种方式的交通信息采集手段。因此，此方法具有覆盖范围广、分析样本大、实施成本低、可长期连续监测的优势，是城市规划研究，尤其是交通轨道规划布局研究的一种全新数据获取手段，同时在重大项目建设进度等事中事后监管中具有重要作用。

2. 应用场景

基于手机信令大数据的研究较早应用于城市轨道交通乘客出行规律分析，并帮助运营者优化运营方案，同时还可以向出行者发布信息，辅助其决策出行方案，提高轨道交通出行效率、舒适度和可靠性。如将手机信令分析技术引入城市人口流动管理中，基于手机信令分析技术建设人流监控管理系统，以移动通信网络为依托，以手机信令采集数据分析为基础，实现针对特定区域内的公众手机用户进行实时监测和统计。提供人口流量统计、人口来源分布统计、人流超限预警、短信疏导等能力，从而改善城市开放区域内原有管理技术上的局限性，提升城市人口流动管理水平[②]。

[①] 钮心毅、康宁、王垚、谢昱梓：《手机信令数据支持城镇体系规划的技术框架》，《地理信息世界》2019 年第 1 期。

[②] 肖宝仲：《基于信令分析的智慧城市人流监控管理研究》，北京化工大学硕士学位论文，2013。

二 基于热红外遥感的地表温度测算方法

1. 原理介绍

所有的物质，只要其温度超过绝对零度，就会不断发射红外能量。常温的地表物体发射的红外能量主要在大于 $3\mu m$ 的中远红外区，是热辐射。它不仅与物质的表面状态有关，而且是物质内部组成和温度的函数。在大气传输过程中，它能通过 $3\sim5\mu m$ 和 $8\sim14\mu m$ 两个窗口。热红外遥感就是利用星载或机载传感器收集、记录地物的这种热红外信息，并利用这种热红外信息来识别地物和反演地表参数如温度、湿度和热惯量等，通过限定地表温度与周边环境温度对比来找出异常值[①]。

2. 应用场景

利用卫星数据反演地表温度，探讨卫星热通道数据的理论及其实际应用方法，已经成为遥感科学的一个重要研究领域。热红外遥感是目前唯一可以进行区域或全球的陆面温度反演的技术，具有覆盖面广、信息量大、动态性好及分辨率高等优点。应用热红外遥感监测地表温度的方法在气候变化、植被生态、环境监测和城市热岛等研究领域都有着重要的应用价值。例如，在本书第四章钢铁项目事中事后监管中用此方法来比较分析钢铁企业周边环境温度变化，以确定是否存在企业违规生产。

三 基于人流热力的人口聚集识别方法

1. 原理介绍

人流热力地图就是基于大数据思维和庞大的数据库，通过分析整合而提供的一个集数据采集、处理、展示于一体的人流量监控、预

---

① 秦福莹：《热红外遥感地表温度反演方法应用与对比分析研究》，内蒙古师范大学硕士学位论文，2008。

警、服务平台[①]。本模型主要利用手机客户端通用移动通信系统地面无线接入网基站位置标识符（UTRAN CELLID）覆盖区域编号地址和位置区码（LAC）移动位置区域双重定位方式，来确定区域内的人流信息，为了使人流数据更加精准，相关研究机构对人群手机拥有量情况，各家通信运营商用户占比情况，进行了深度的数据模型建设。但该技术目前仍然存在三大缺陷，即对小范围人流情况定位不准，不进行软件操作无法抓取数据，对定位人群身份识别模糊。同时应用场景受到硬件设施的局限很大，需要在今后的研究和应用中不断完善。

2. 应用场景

目前，百度、谷歌等公司的人流热力地图已经广泛投入实战运用，大大提高了人流数据抓取精准程度，可以实现通过人口热力图来观察和监测一定时间段内人口数量的变化来判断企业的开工行为或者每区域交通情况等功能。此外，还有的商家联合研发机构，采取红外线定位、蓝牙定位等第三方软硬件布设的方式抓取特定人群的人流热力数据，并与其运动轨迹、网购行为等数据相关联，为预测商机、精准推广和上门服务提供参考。

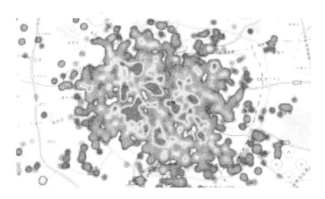

图 6　某市某时刻人流热力地图

---

① 赵国梁、周密：《新鲜事，用手机信号绘制地图——以人流热力地图和贵报传媒凡闻大数据探索为例》，《传媒》2017 年第 13 期。

四 基于 DMSP/OLS 夜间灯光强度的经济水平测算方法

1. 原理介绍

已有的夜间灯光数据的研究表明，区域灯光特征与地区经济状况具有密切的联系，夜间灯光本身就是人类的活动的结果，其中包含经济、人口、用地等信息，灯光特征能够在很大程度上反映地区的经济水平、人口数量、建设用地面积等指标[①]。该模型所需数据主要来自美国国家海洋和大气管理局（National Oceanic and Atmospheric Administration）的夜间灯光数据。此数据相对稳定、持久，是反映人类集聚和能源消耗的重要指标。

2. 应用场景

目前，灯光数据被广泛用于评估城市增长和城镇化建设效果。在实践中，不少学者分析了不同地区人口分布与灯光强度之间的关系，并研发出灯光指数，以反映地区经济发展水平及增长速度，是某区域灯光斑块的平均相对灯光强度与灯光斑块面积占区域总面积的乘积。灯光光斑面积占比反映夜间灯光的空间延展特性，是某区域内所有灯光像元的总面积占整个区域面积的比例，取值在 0 ~ 1。此外，一些研究人员利用光图像数据对人口数据进行了空间匹配。例如，利用植被覆盖度数据、灯光数据、非农业人口和农村人口数据等，对中国的人口分布进行了模拟，得到了较好的模拟结果。在事中事后监管中可利用此方法估算人口密度，为相关决策提供参考。

在事中事后监管大数据主要分析方法的基础上，本研究还涉及一些具体的算法模型，主要包括机器学习、自然语言处理和社会网络分析三大方法。其中机器学习是指研究计算机模拟或实现人类的学习行

---

① 袁涛：《DMSP/OLS 数据支持的贫困地区测度方法研究》，中国地质大学（北京）博士学位论文，2013。

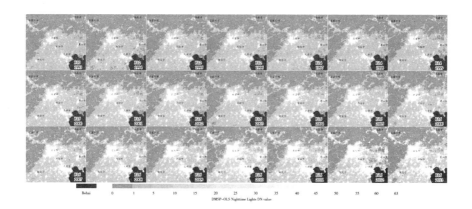

图 7　京津冀部分地区 DMSP/OLS 夜间灯光年际强度

为，以获取新的知识或技能，并重新组织已有的知识结构使之不断改善自身的性能①，常见的机器学习算法包括 K 最近邻（K – Nearest Neighbor，KNN）、决策树预测模型（C4.5）、Apriori 算法、K-means 算法等。自然语言处理是指将人类交流沟通所用的语言经过处理转化为机器所能理解的机器语言，进而实现人机间相互交流②，常见的自然语言处理方式有情感分析、语篇分析、词法与句法分析等。社会网络分析是指包括测量与调查社会系统中各部分（"点"）的特征与相互之间的关系（"连接"），将其用网络的形式表示出来，然后分析其关系的模式与特征这一全过程的一套理论、方法和技术③。社会网络分析中常用的度量指标主要包括同配系数、网络密度、度分布中心性、聚集系数等。考虑到这些技术方法具有较强的通用性，在其他大数据技术专门著作中有较多阐述，本书不展开论述。

---

① 龙虎、李娜：《大数据技术下的机器学习平台构建研究》，《电脑知识与技术》2019 年第 10 期。
② 高源：《自然语言处理发展与应用概述》，《中国新通信》2019 年第 2 期。
③ 汤汇道：《社会网络分析法述评》，《学术界》2009 年第 3 期。

第四章
基于大数据的重大工程项目事中事后监管

重大工程项目一般是指投资规模大、复杂性高，对政治、经济、社会、科技发展、环境保护、公众健康与国家安全等方面具有重要影响的大型工程项目。对这些重大工程项目开展基于大数据的事中事后监管，有利于更好地掌握其运行动态，助力地方发展；有利于加强安全生产、环保督查，合理控制生态环境污染；还有利于减轻企业因重复检查、现场检查带来的负担。对这些重大工程项目开展基于大数据的事中事后监管的关键在于，根据运行、安监、环保等监管的不同目标，选取合适的数据源，开展科学精准的分析研判，同时还需要将分析结果与实地情况进行对比考察，做到线上线下的结果统一，为有关部门决策提供可靠参考。本章主要介绍如何利用大数据分析手段，监测分析钢铁、煤炭领域重大去产能项目进展与问题，分别从监管背景、主要数据来源、分析思路、分析结论等几个部分展开。

第一节　钢铁领域去产能监管分析

一　监管背景

钢铁产业是国民经济的重要基础原材料产业，投资拉动作用大，吸纳就业能力强，产业关联度高，为我国经济社会发展做出了重要贡献。近年来，随着经济下行压力加大，钢材市场需求回落，钢铁行业快速发展过程中积累的矛盾和问题逐渐暴露，其中产能过剩问题尤为突出，钢铁企业生产经营困难加剧，亏损面和亏损额不断扩大。

钢铁去产能是近年来事中事后监管的重点工作。2015 年 12 月 18～21 日，中央经济工作会议在京举行。会议提出，2016 年经济社会发展特别是结构性改革任务十分繁重，战略上要坚持稳中求进、把握好节奏和力度，战术上要抓住关键点，主要是抓好"三去一降一补"，即去产能、去库存、去杠杆、降成本、补短板五大任务。其中去产能即化解产能过剩，是指为了解决产品供过于求而引起产品恶性竞争的不利局面，寻求对生产设备及产品进行转型和升级的方法。

为贯彻落实党中央、国务院关于推进结构性改革、抓好去产能任务的决策部署，进一步化解钢铁行业过剩产能，推动钢铁企业实现脱困发展，2016 年起国家开始有计划地实施钢铁去产能。工业和信息化部原材料工业司发布的《2015 年钢铁行业运行情况和 2016 年展望》显示，2015 年全国粗钢产量 8.04 亿吨，国内粗钢表观消费 7 亿吨，钢材（含重复材）产量 11.2 亿吨，中国粗钢产量占全球比重为 49.54%，产能过剩问题已经十分严重，迫切需要推动供给侧结构性改革。钢铁行业去产能就是要淘汰掉一些落后的生产技术和设备，特别是《国务院关于印发打赢蓝天保卫战三年行动计划的通知》（国发〔2018〕22 号）提及的严防"地条钢"死灰复燃。地条钢是指以废铁杂物为原料，由个体小厂用平烧或立烧等落后工艺制造出来的劣质钢材。因"地条钢"造成的建筑安全质量问题和环保排放问题严重，我国政府加大对"地条钢"的打击力度，有利于清除非法产品，保障建筑质量水平，同时为合格产品打开市场。

二　主要数据源

本研究数据源包括 10 个方面：一是部分省市已取缔"地条钢"企业相关数据；二是移动通信信令、GPS 和 WiFi 数据；三是 2016 年

1月1日至2017年11月16日间，国内互联网主要渠道中与钢铁话题直接相关的数据，共120.9万条；四是国内相关钢铁企业所在区域卫星遥感影像数据；五是逐日空气质量数据；六是钢企安全事故数据；七是钢企招投标及信用数据；八是相关区域移动终端位置数据；九是钢铁进出口贸易数据；十是钢铁领域核心技术专利数据。

三 分析思路

（一）利用统计数据和相关舆情数据，反映钢铁领域去产能的进展与成效

利用国家发展改革委、国家统计局、工业和信息化部等部门公布的钢铁行业产量、销量的官方数据，结合国家、省级相关行业协会发布的统计数据，第三方研究机构公布的研究报告，以及互联网微博、微信、客户端、论坛等舆情数据，来分析钢铁领域去产能的进展、成效及舆论反响。

（二）利用红外遥感数据、移动信令数据等分析去产能过程中的违规生产问题

一般而言，钢企生产会使其所在局部区域温度明显升高，通过使用卫星遥感数据分析"地条钢"企业在被取缔、关停前后所在区域温度与周边的温差变化，来判断其是否有"死灰复燃"迹象。如果温差减小，说明其很可能已减产或关停；相反，则说明其很可能存在"死灰复燃"或继续扩大产能现象（具体方法参见第三章第三节）。

同理，钢铁企业生产也需要大量工人，其携带的手机会产生移动信令，大量移动信令的变化和集聚也是判断钢铁企业存在违规生产的重要依据。利用地理围栏圈定目标钢厂区域，通过运营商提供的该区域内移动通信信令数据，表征该区域人流量情况（具体方法参见第三章第三节）。信令越强，说明该区域人流量越大，反之亦然。同时，为进一步确认人流聚集情况，可采用人流热力的方法进行核实

（具体方法参见第三章第三节）。

（三）利用空气质量数据、安全生产数据等反映去产能过程中的安全环保问题

钢铁生产过程高耗能、高污染，对生态环境有较明显的影响。本研究选取钢企数量较多且近两年淘汰钢铁产能（尤其是取缔、关停"地条钢"企业数量）较多的代表性城市，分析自 2014 年以来其空气质量指数（即 AQI 指数，数值越小，代表空气质量越好）平均水平的变化情况，以此来判断去产能的效果。

（四）利用国家安全生产监督管理总局网站公布的事故查询系统分析安全生产状况

安全生产是重大工程项目事中事后监管的重要内容。本研究基于国家安全生产监督管理总局网站公布的事故查询系统，检索的 2011 年以来国内钢企安全事故数据，分析事故所在的区域、类型等因素，并总结经验教训。

（五）利用钢铁产业供求关系、技术专利、资产负债、信用等数据反映钢铁产业转型升级情况

利用大数据技术针对钢铁市场行情及企业行为展开分析。用价格大数据监测分析钢铁行业供给、需求情况，用钢铁企业近年来申请国内外技术专利数量、类型等大数据分析其技术创新及转型升级情况，用钢铁企业分地区、分类型的资本注册、负债情况、债务纠纷等方面的大数据来分析钢企的信用状况等。

四　分析结论

（一）近两年钢铁领域监管工作成效显著，获舆论积极肯定

1. 钢铁领域监管工作成效显著

近年来，中央及地方高度重视并大力加强钢铁领域的事中事后监管工作，在环保、能耗、安全生产及去产能工作监管等方面出台了

系列政策措施，取得明显成效，主要表现在三个方面。一是去产能任务连年超额完成。2016 年退出钢铁产能 6500 万吨以上，超额完成全年 4500 万吨的目标任务。截至 2017 年 8 月底，共取缔"地条钢"企业 722 家，产能合计约 1.4 亿吨。2017 年退出钢铁产能 5000 万吨左右的年度目标任务也已提前超额完成。二是产能利用率持续回升。2017 年第三季度，黑色金属冶炼和压延加工业产能利用率为 76.7%，同比和环比分别提高了 4.4 个和 1.0 个百分点，延续了六个季度总体回升态势，为 2013 年以来的最高水平。三是行业效益不断改善。2016 年中国钢铁工业协会会员企业实现利润 304 亿元，同比实现扭亏增盈 1083 亿元。2017 年 1~9 月，会员企业实现利润 1138 亿元，同比增长 3.7 倍，销售利润率为 4.18%，同比上升 2.95 个百分点。

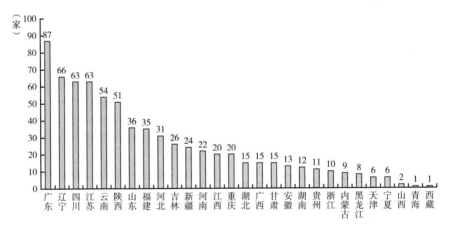

图 8　各省份取缔"地条钢"企业数量（截至 2017 年 8 月底）

2. 舆论对钢铁领域去产能工作积极评价占比逐年上升

钢铁领域去产能工作获舆论肯定，积极评价占比由 2016 年的 59.91% 提升至 2017 年的 64.81%。舆论反映，去产能工作一方面为钢铁行业创造了良好的外部环境，全行业结束了深度亏损局面，实现了扭亏为盈；另一方面也为钢铁产品的品种结构及质量提升带来了积极影响，钢材品种结构得到进一步优化，适应国际国内市场的能力进一步得到提升。

同时，仍有部分"偏负面"的声音，主要包括：部分媒体和网民指出去产能工作中存在充数和疑似"死灰复燃"问题，如有钢企用之前淘汰的产能充数，个别钢企被关停后仍偷偷复工等；此外还有一些网民对去产能工作存有误解，比如，针对2017年1~9月我国粗钢产量同比增长6.3%，就有网民认为"去产能产量反增""越去越多"，对钢铁化解过剩产能的效果产生疑惑。

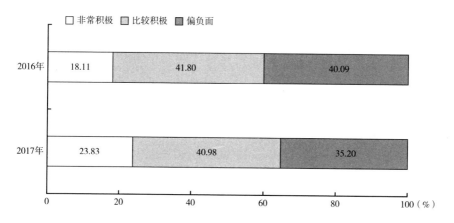

图9　2016~2017年舆论对钢铁领域监管工作的评价变化

（二）大数据重点分析去产能过程中违规新增产能及疑似"死灰复燃"等问题

根据媒体曝光及互联网大数据分析，钢铁行业去产能过程中存在两个方面问题。一是部分企业违规新增产能。《国务院关于钢铁行业化解过剩产能实现脱困发展的意见》明确规定严禁新增产能，但仍有个别企业顶风作案，违规新增产能。二是个别关停企业疑似"死灰复燃"。尤其是被关停的"地条钢"企业最受各方关注，清理整顿

"地条钢"是党中央、国务院化解钢铁过剩产能、推进供给侧结构性改革的一项重要举措。国家要求各地要在 2017 年 6 月 30 日之前彻底清除"地条钢",尤其是严防落后产能死灰复燃。从过去几年的"地条钢"查处情况看,"地条钢"生产加工已有由南向北蔓延趋势。为此,我们重点针对被取缔、关停的"地条钢"企业,尝试采用卫星遥感数据、人流移动位置数据及相关空气质量数据等监测其是否存在"死灰复燃"或违规现象,具体如下。

1. 基于卫星遥感数据监测发现的疑似"死灰复燃"问题

以某地的三个钢企为例,图 10 中横坐标表征钢企及其周围区域所在位置,纵坐标表征特定区域温度卫星遥感观测值（观测值越高,代表该区域温度越高）。从某钢企及周边地区在 2016 年 3 月 28 日和 2017 年 10 月 9 日两个时间点的观测情况可以看出,该钢企与周边的观测值最大差距由 3000 变为 2000,即温差变小,说明该钢企有可能进行了减产或关停。

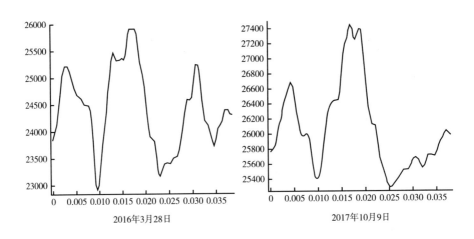

2016年3月28日   2017年10月9日

图 10　某钢企及周边环境温度感应变化

注：横坐标数据为穿过钢企的切线长度,纵坐标为 Landsat8 热红外通道卫星上观测值,以上均为经过标准化处理后的无量纲数据。

2. 基于人流移动位置数据监测发现的疑似违规生产问题

方案一：运用特定区域移动终端数量表征人流量。利用卫星影像标注已经要求关停的钢企所在区域位置，统计该区域内的移动终端数量，以此表征该钢企内的人流量。分析发现，2019 年 1 月以来，这些关停企业的人流量变化趋势可分为三类：一是明显减少或先有后无；二是先减后增；三是明显增多或持续波动增长。第一类企业被取缔后彻底停产的可能性较大，而后两类企业则存在偷偷开工或扩大生产的嫌疑。

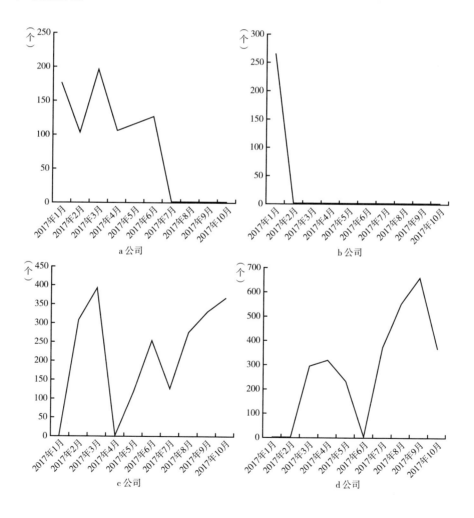

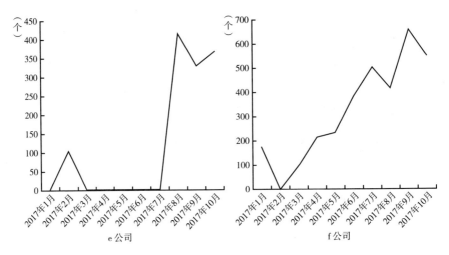

图 11　各关停钢企内移动终端数量变化

方案二：运用运营商的移动通信信令表征人流量。监测随机抽取的 14 家样本钢铁企业发现：2017 年 1～8 月整顿期间，有 11 家可能存在"短期复工"现象。整顿后在 10 月底，有 11 家处于关停状态，3 家依然有"开工"嫌疑。总体来看，7 家整顿效果较好，4 家整顿效果一般，3 家整顿效果较差。由随机样本情况推断，约 50% 的钢企整顿效果"较好"，29% 的钢企整顿效果"一般"，21% 的钢企整顿效果"较差"。

表 3　14 家样本钢企监测结果分析

样本企业序号	整顿效果			整顿期是否复工		整顿后是否关停	
	较好	一般	较差	是	否	是	否
1		√		√		√	
2		√		√		√	
3			√	√			√
4			√	√			√
5			√	√			√

续表

样本企业序号	整顿效果			整顿期是否复工		整顿后是否关停	
	较好	一般	较差	是	否	是	否
6		√		√		√	
7	√				√	√	
8	√				√	√	
9	√				√	√	
10	√			√		√	
11		√		√		√	
12	√			√		√	
13	√			√		√	
14	√			√		√	
总计	7	4	3	11	3	11	3

14 家样本企业监测结果分析如下。

（1）第 1 家企业

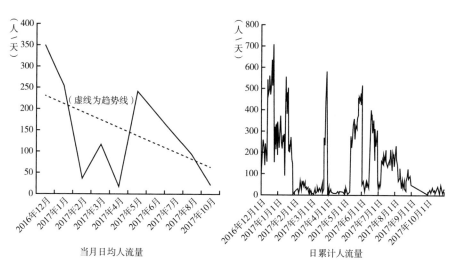

当月日均人流量

日累计人流量

图 12　第 1 家企业人流量变化

从总体趋势看，该企业人流量先逐渐下降，之后有一段时间回升，最后逐渐下降。而在整顿期间，1月初人流量显著下降，到2月初降至谷底，但在4~6月有一定反弹，但整顿后趋势并没有回升。分析结论：关停执行效果一般，且不排除有复工现象，工厂在10月处于关停。

（2）第2家企业

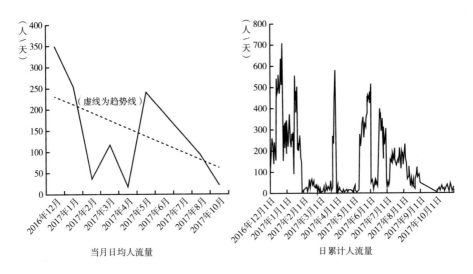

图 13　第 2 家企业人流量变化

从总体趋势上看人流量先逐渐下降，之后有一定回升，最后逐渐降至底部；而在整顿期内，1月初人流量显著下降，到2月初降至底部，但在4月、6月、7月、8月人流量都有大幅波动，但在整顿后没有回升，说明工厂在10月处于关停。分析结论：关停执行效果一般，且不排除有较多复工现象，工厂10月处于关停。

（3）第3家企业

从总体趋势看，人流量均值较高，先是有一定下降，但下降幅度不大，然后在680人/天左右波动；在整顿期内，1月初人流量逐渐下降，到2月初降至底部，依然约为600人/天，之后略有上升并持

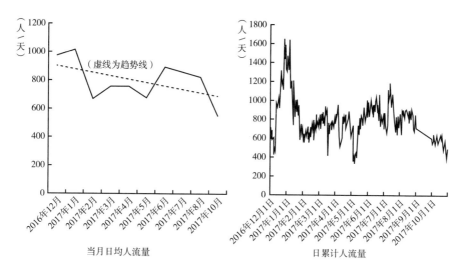

图 14　第 3 家企业人流量变化

续波动；整顿后相比关停前有一定下降，但人流量依然较大。分析结论：关停执行效果一般，且不排除有较多复工现象，工厂在 10 月处于关停。人流基数较高，仅从人流难以判断关停情况，需要结合热力图进一步分析。

图 15　第 3 家企业热力图

热力图显示，工厂区域在 7 月有密集人流。分析结论：关停执行效果较差，不排除有较多复工现象，工厂在 10 月处于运转。

（4）第 4 家企业

从总体趋势看，人流平均水平在 60 人/天左右波动，有若干高峰。在整顿期内，3 月、4 月初人流有显著的高峰，推测可能存在规

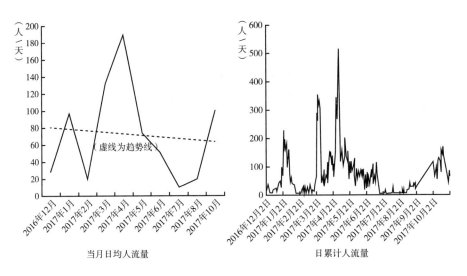

当月日均人流量   日累计人流量

图 16   第 4 家企业人流量变化

模复工现象。整顿后，10 月人流有一定拉升；人流基数较小，且趋势明显，仅从人流难以判断关停情况，需要结合热力图进一步分析。

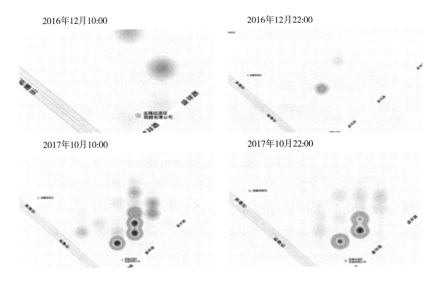

2016年12月10:00   2016年12月22:00

2017年10月10:00   2017年10月22:00

图 17   第 4 家企业热力图

热力图显示工厂区域在 2017 年 10 月早晚都有密集人流。分析结论：关停执行效果较差，不排除有复工现象，工厂在 10 月处于运转。

（5）第 5 家企业

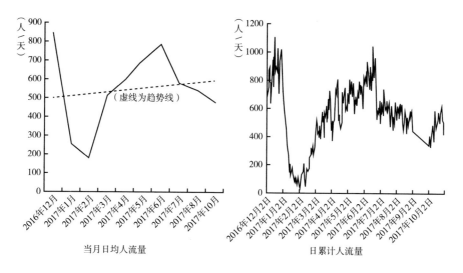

当月日均人流量　　　　　　　　　日累计人流量

图 18　第 5 家企业人流量变化

从总体趋势看，人流量先显著下降，之后逐渐回升。在整顿期趋势内，1 月初人流量显著下降，到 2 月初降至底部，之后逐渐回升，一度回升到整顿前状态；整顿后人流量约为整顿前的一半，说明在整顿后工厂依然不是完全关停。分析结论：关停执行效果较差，在关停初期工厂停工，但之后复工现象逐渐加重，且工厂在 10 月处于运转。

（6）第 6 家企业

从总体趋势看，人流量先是逐渐下降，之后略有波动，但大致保持平稳；整顿期内，1 月初人流量显著下降，到 1 月底降至底部，但在 2 月、4 月、5 月都有一定反弹。整顿后没有显著回升，需结合热力图分析。

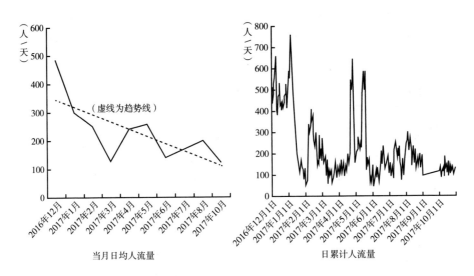

当月日均人流量

日累计人流量

图 19　第 6 家企业人流量变化

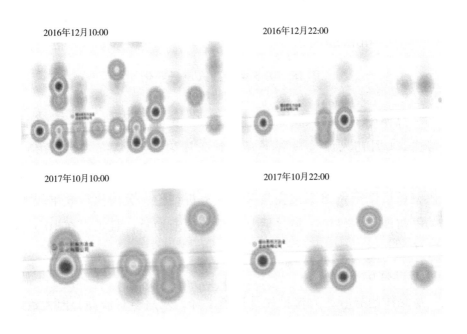

图 20　第 6 家企业热力图

热力图显示工厂区域 2017 年 10 月相比 2016 年 12 月人流明显减少。分析结论：关停执行效果一般，不排除存在一定复工现象，工厂 10 月处于关停。

（7）第 7 家企业

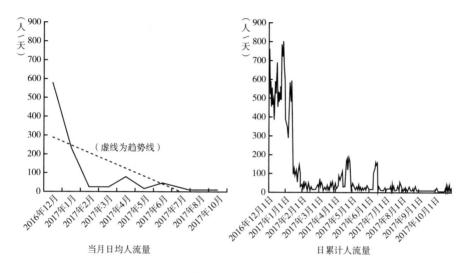

图 21　第 7 家企业人流量变化

从总体趋势看，人流量先是显著下降，然后在底部保持平稳。整顿期内，1 月初人流量显著下降，到 1 月底降至底部，之后总体保持平稳。整顿后没有回升，说明工厂在 10 月处于关停。分析结论：关停执行效果较好，工厂在 10 月处于关停。

（8）第 8 家企业

从总体趋势看，人流先是显著下降，然后在底部保持平稳。整顿期内，12 月底人流显著下降，到 1 月初降至底部，之后总体保持平稳。整顿后没有回升。分析结论：关停执行效果较好，工厂在 10 月处于关停。

（9）第 9 家企业

从总体趋势看，人流量始终保持在较低水平，略有波动。整顿期

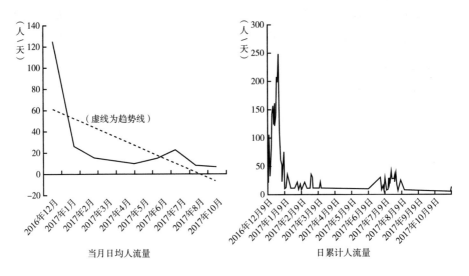

图 22　第 8 家企业人流量变化

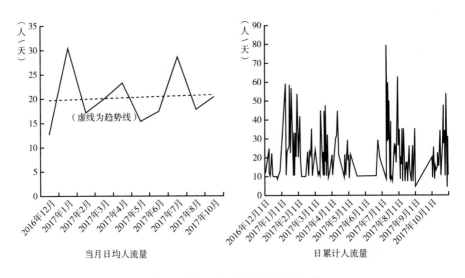

图 23　第 9 家企业人流量变化

内没有显著变化。整顿后没有回升。分析结论：关停执行效果较好，工厂在 10 月处于关停。

（10）第 10 家企业

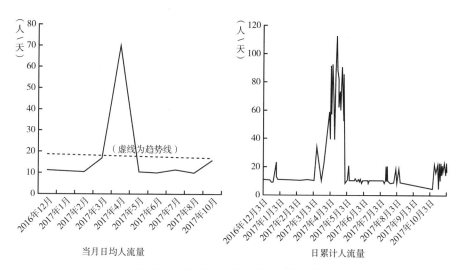

当月日均人流量

图 24　第 10 家企业人流量变化

从总体趋势看，人流量基本保持底部平稳，除了 4 月中期有显著上升。整顿期内，3 月中到 4 月底，人流水平有显著上升；整顿后没有回升。分析结论：关停执行效果较好，但不排除有复工现象，工厂在 10 月处于关停。

（11）第 11 家企业

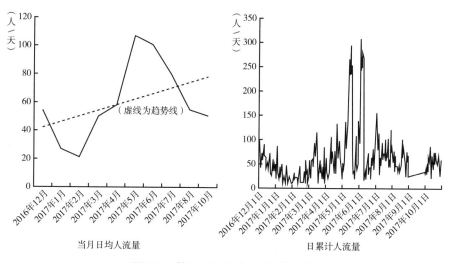

当月日均人流量

图 25　第 11 家企业人流量变化

从总体趋势看，人流量先略有下降，之后逐渐回升。整顿期内，1月初人流量显著下降，到2月初降至底部，之后略有回升，并在5月、6月大幅波动。整顿后没有回升。分析结论：关停执行效果一般，且不排除有复工现象，工厂在10月处于关停。

（12）第12家企业

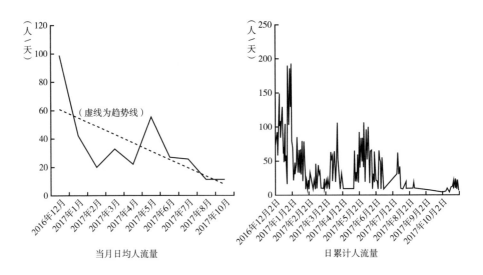

当月日均人流量　　　　　　　　　日累计人流量

图 26　第 12 家企业人流量变化

从总体趋势看，人流量先是逐渐下降，然后在底部保持。整顿期内，1月初人流显著下降，到1月底降至底部，但在5月有一定波动。整顿后没有回升。分析结论：关停执行效果较好，但不排除有复工现象，工厂在10月处于关停。

（13）第13家企业

从总体趋势看，人流量先是逐渐下降，然后在靠近底部波动。整顿期趋势：12月底人流逐渐下降，到2月初降至底部，但在4月底有一定活跃。整顿后没有回升。分析结论：关停执行效果较好，但不排除有复工现象；工厂在10月处于关停。

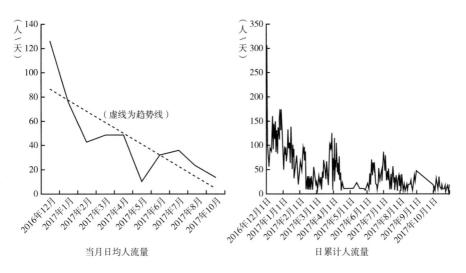

当月日均人流量 日累计人流量

图 27　第 13 家企业人流量变化

（14）第 14 家企业

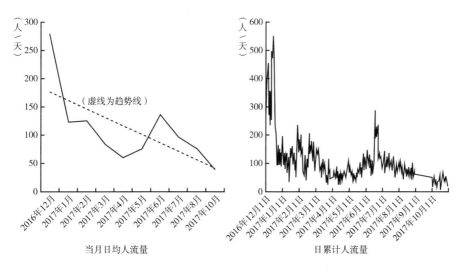

当月日均人流量 日累计人流量

图 28　第 14 家企业人流量变化

从总体趋势看，人流量先是逐渐下降，然后在靠近底部波动。整顿期内 12 月底人流逐渐下降，到 1 月中降至底部，但在 6 月有一定活跃。整顿后没有回升。分析结论：关停执行效果较好，但不排除有复工现象，工厂在 10 月处于关停。

3. 基于空气质量数据监测发现的违规行为

分析代表城市自 2014 年以来其空气质量指数（即 AQI 指数，数值越小，代表空气质量越好）平均水平的变化情况，发现随着去产能工作的大力推进，这些城市同期 AQI 指数的平均水平稳步下降，2016 年较 2014 年同期显著下降 19.07%，空气质量明显好转。但 2017 年以来，以上地区同期 AQI 指数平均水平又出现回升，由 91.00 升至 95.21，空气质量再次出现恶化，这一方面可能与部分钢企提高生产强度、扩大产能有较大关系，另一方面也不能排除部分被关停钢企再次开工的嫌疑。

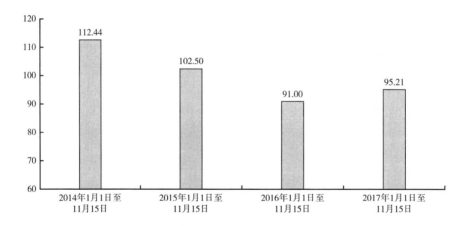

图 29　2014～2017 年七城市 AQI 指数平均水平变化情况

（三）在生产中部分钢企仍存在违规排污、安全风险高等问题

1. 钢企重大安全事故发生率虽有下降，但仍时有发生

据不完全统计，2011 年以来全国钢铁企业发生的安全事故次数和死亡人数均呈下降趋势，但近两年仍有大型安全事故发生。从事故类型看，爆炸、气体中毒、淹溺、窒息事故次数占比较高，尤其是爆炸事故，发生次数占总体的四分之一以上。

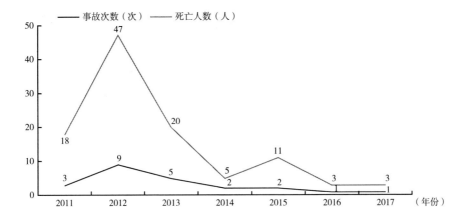

图30　2011～2017年全国钢铁企业发生安全事故次数及死亡人数

2. 部分钢企被曝违规排污，环保投入偏低，安全生产不达标等问题

通过对近两年舆论关注量大且负面评价占比较高的企业进行分析发现，主要问题表现为三个方面。

一是违规排污问题。如某公司废水排口于 2017 年 5 月 22 日 17：00～21：00，排放化学需氧量超过排污许可证许可限值，其间最高浓度为 67.71mg/L，超过许可限值 0.35 倍，违反了当地《环境保护条例》（2010 年 7 月修订），市环境监察总队于 2017 年 11 月 10 日对其发布行政处罚决定书；某公司于 2016 年 12 月被通报恶意应付环保部检查，在督查组离开现场后，重新开启烧结机、竖炉；2016 年 8 月 25 日，某公司在被该省环境监测中心站监测抽测时，发现其 1 号、2 号机头脱硫塔出口废气颗粒物排放浓度为 129mg/m³，超标 1.58 倍。

二是部分钢企环保投入明显偏低。据中国采购与招标网统计，截至 2017 年 11 月底，全国 30 个省份（除海南），钢铁行业招投标项目汇总数 3748 个。其中，与 "环保" 相关的投标项目共 29 个，仅占招投标项目总数的 0.77%。全国 30 个省份中，仅有 12 个省份在钢铁行业中开展了与环保相关的招投标工作，最少的 5 个省份均只有 1 个招投标项目，分别占其全年招投标项目总量的 20.00%、2.94%、

2.78%、1.14%和0.65%；某钢铁大省2017年在钢铁行业共有867个招投标项目，但仅有3个项目是环保相关的；甚至有的省份未开展环保方面的招投标项目。

三是安全生产不达标问题。部分企业为减少开支使用"超期服役"的机器设备，对员工工作环境中存在的安全风险处理不及时，或为追求利益，强令员工超时工作。例如，有群众举报某钢铁股份有限公司违法强制加班，严重违反劳动法相关规定，极易造成重大安全隐患；又如，某钢铁公司发生一起煤气泄漏中毒事故，造成多人死伤，事故发生后仅以赔偿的方式与死者家属达成私了协议。

（四）钢铁行业转型过程的问题

1. 去产能背景下我国相对低价钢铁产品略显供不应求

对比钢铁进出口贸易数据发现，与2016年同期相比，2017年上半年我国出口的相对低价钢铁产品（即出口均价低于进口均价）总额降低了7.05%，而进口的相对低价钢铁产品（即进口均价低于出口均价）总额却大幅增长了91.15%，一定程度上反映出去产能背景下，我国相对低价钢铁产品略显供不应求，需要通过增加进口来满足国内需求。原因可能包括两方面，一是随着去产能工作的推进，以及近两年钢铁价格上涨，我国生产的相对低价钢铁产品比例有所降低；二是2017年上半年房地产和基建领域投资保持较高增速，下游需求超出预期。

表4　2017年上半年各类钢铁产品进出口额同比变化情况

单位：%

指标	2017年上半年出口额 同比增幅	2017年上半年进口额 同比增幅
进口均价大于出口均价的钢铁产品	−7.05	20.79
进口均价小于出口均价的钢铁产品	34.48	91.15
所有钢铁产品	6.33	37.77

2. 钢铁领域技术创新水平有待继续加强

通过统计"高炉""转炉""电炉""连铸""轧钢"等钢铁领域核心技术专利数量年度变化发现，自 2011 年以来，我国钢铁领域核心专利数量整体呈上升趋势，2017 年出现下降，同期（1 月 1 日至11 月 17 日）共公开专利 23633 件，同比减少 12.75%，表明当前钢铁领域在落后产能显著淘汰的同时，技术创新水平仍有待继续提升。

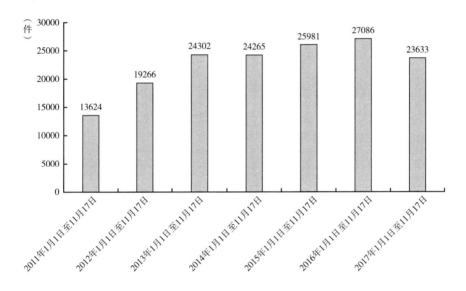

图 31　2011～2017 年我国钢铁领域主要专利数量变化趋势

3. 钢铁行业资产负债率与"降至 60% 以下"的目标仍有差距

随着钢铁企业加强对负债水平的控制及"债转股"工作的逐步推进，钢铁行业资产负债率已有小幅回落，长期偿债能力有所改善。国家统计局数据显示，截至 2017 年 6 月末，钢铁行业资产负债率为66.3%，较 2017 年 3 月末和上年同期分别下降 0.5 个和 0.9 个百分点，但与中国钢铁工业协会提出的"钢铁行业平均资产负债率降到60% 以下，其中大多数企业的资产负债率处在 60% 以下的优质区间"的目标相比仍有一定差距。

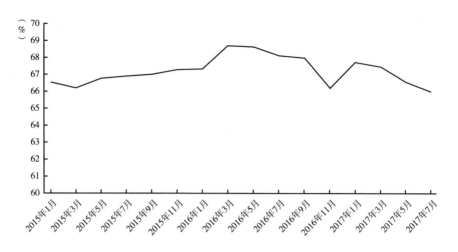

图 32　2015 年 1 月至 2017 年 7 月钢铁行业资产负债率走势

4. 钢铁企业失信问题较为严重

中国钢铁工业协会 2016 年公布了中国钢铁生产企业排行榜，通过在全国法院被执行人信息查询系统中对榜单前 50 名钢铁企业 2015～2017 年的信用情况进行查询，发现有 28 家钢铁企业存在不同类型的失信问题，其中多数属于被法院列为"被执行人"①，共发生 470 次，远超其他失信问题的总和。从变化趋势来看，各类失信问题发生频率逐年下降；"被执行人"频率下降最为明显，2017 年较 2015 年下降了 31%；"失信被执行人"与"买卖违约/借贷违约"的发生频率也有下降趋势；2016 年与 2017 年均未出现企业经营异常。

---

① "被执行人"是指在法定上诉期满后，或终审判决做出后，拒不履行法院判决或仲裁裁决的当事人。"买卖违约/借贷违约"是指"民事案件"类型的裁判文书中包含"买卖合同""买卖纠纷"等关键字，根据案件结果认为被起诉方且败诉的企业存在"买卖违约/借贷违约"问题。"失信被执行人"是指被执行人具有履行能力而不履行生效法律文书确定的义务，人民法院应当将其纳入失信被执行人名单，依法对其进行信用惩戒。"经营异常"是指工商行政管理部门通过企业信用信息公示系统记载有经营异常情形的企业并公示，向社会公众予以警示。

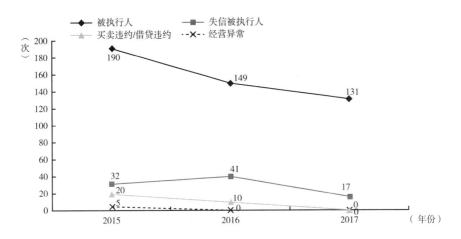

图 33　28 家失信钢铁企业的失信问题分布情况

（五）对策建议

1. 完善破产制度，进一步疏通过剩产能退出机制

一是强化出资人的破产清算责任，当市场主体出现破产原因时，出资人在法定期限内负有破产清算义务，如违反该义务，应当承担相应的民事、行政乃至刑事责任；二是增强破产程序的司法属性，明确司法权和行政权在企业破产中的边界，增强法院在企业破产中的主导作用，使企业破产制度回归司法本质，避免地方政府对企业破产程序的直接介入；三是对于债权债务涉及面广、涉及金额大、有重大影响的破产案件，交由巡回法庭审理，避免地方政府干预破产司法程序；四是优化破产程序，完善破产管理人的相关规定，降低破产财产评估、审计、拍卖费用，减少破产清算成本，提高破产清算收益，提高债务人、债权人申请破产的积极性；五是适时修改《商业银行法》，赋予商业银行在处置不良资产中的投资权利，促进商业银行创新不良资产处置方法。

2. 充分调动社会力量，群防群治，保持防范"地条钢"死灰复燃的高压态势

一是按属地管理原则，实施包保和包片制度，层层签订责任状，

将责任逐层落实到具体干部和责任人，坚决排查打击取缔"地条钢"；二是建立有奖举报制度，完善举报机制，充分调动社会力量广泛参与，及时发现隐蔽性强的黑加工点；三是要抓住电力这个关键点，完善企业用电量监测预警机制。"地条钢"生产过程需要大量电力，否则就没法生产。严密防控一些有自备电厂的企业，对为"地条钢"等淘汰落后产能生产者供电企业，要按照上限处罚并顶格处理。

3. 强力抓好钢铁行业安全生产责任制

一是坚决取缔落后产能，淘汰落后的设备和生产工艺，严厉打击非法生产、突击生产、逃避检查等行为；二是督促各企业加强安全宣传，加大安全教育力度，一方面使钢铁企业负责人明确只有安全生产才能带来效益的观念，另一方面注重培养安全意识，明确各生产环节的安全责任人，使所有员工能自觉杜绝违规操作；三是持续监督和帮助企业完善安全操作规程和劳动纪律，建立健全安全管理体制和应急预案。

4. 多措并举控制钢铁行业污染物排放

一是参考我国先进钢铁企业的实际能力，将钢铁企业密集分布地区的主要污染物排放标准提高 1/2 ~ 2/3。对排污不达标的企业坚决采取限产、关停的处罚。二是注重环保监察的效率，可采用多种自动化、智能化传感器，对钢铁企业的固、液、气等多种排放物进行实时监测和采集数据，提高环保工作的信息化水平。三是严格钢铁行业污染物排放监管，将环境信息虚假申报归入法制范畴，从目前的以定点企业定期上传排放数据为主，转变为企业与区域数据相结合的实时传送，避免单个企业信息造假。四是在淘汰污染严重产能的同时，引导和帮助企业加强技术创新，引进或改进生产设备和技术工艺，主动向低成本、低能耗、绿色低碳的生产方式升级。

5. 加强企业信用建设及管理

一是引导企业建立健全并实施以合同管理制度、资金信誉管理制

度为核心的企业诚信制度，促使企业严格按照合同的契约，保证产品
和服务的质量，按时交付产品，及时付清款项，自觉以契约精神规范
企业的经营行为，做到"守合同重信用"；二是在坚持公平、公正、
公开的"三公原则"指导下，建立服务全社会的社会化信用体系，
有计划、有步骤地建立企业信用标准体系、企业信用评价体系；三是
建立监督失信企业管理体系，工商、海关、税务等监管部门应以
"政府推动、市场运作"为原则，形成合力，建立相应的企业数据采
集鉴别和传播机制，依靠市场的力量，实现企业征信信息的标准化生
产、标准化传播和全方位供给。

第二节　煤炭领域去产能监管分析

一　监管背景

我国能源行业一直存在传统能源产能过剩、能源结构不合理的结
构性问题，尤其是煤炭市场的供求矛盾尖锐，行业去产能改革势在必
行。在供给侧结构性改革开始前，据煤炭运销协会数据，2015 年 12
月全国原煤产量较销量多 1700 万吨；2015 年 1~12 月全国原煤产量
较销量多 1.85 亿吨。供求矛盾不仅表现为原煤的产量远远超过销售
量，更为严峻的是，原煤销量比产量的同比降幅更大。供过于求导致
煤炭企业库存维持高位，2015 年 12 月末，煤炭企业库存 1.01 亿吨，
同比增加 1443 万吨，增长 16.7%；环比基本持平。国内产能过剩压
力和煤炭消费带来了一系列社会问题。

煤炭行业供给侧结构性改革大力推行后，2017 年我国煤炭去产
能、保供应运行状况总体良好，经济效益不断改善。从煤炭企业数量
看，截至 2017 年 12 月，全国约有 8000 家煤炭生产企业处于正常存
续状态，其中山西、黑龙江、内蒙古三省区煤炭生产企业数量分别达

1499 家、932 家、644 家，居全国前三位，分别占全国煤炭生产企业总数的 18.9% 、11.8% 和 8.1% 。从煤企生产能力看，2017 年全国煤炭企业累计原煤产量 34.5 亿吨，同比增长 3.2% 。内蒙古、山西、陕西、贵州、新疆五省区原煤产量居全国前五名，合计达 24.7 亿吨，占全国总产量的 71.6% 。其中晋、陕、蒙三省区生产煤矿产能位列全国前三，分别达 95620 万吨/年、81030 万吨/年、35165 万吨/年，占全国生产煤矿总产能的比重达 62.15% 。晋、陕、蒙三省区建设煤矿产能也位列全国前三，分别达 31704 万吨/年、26385 万吨/年、19453 万吨/年，占全国建设煤矿总产能的比重达 69.35% 。从所有制类型看，95% 的煤炭企业属于民营企业，截至 2017 年 12 月，约 8000 家存续状态的煤炭生产企业中，民营企业（包括个人独资企业、自然人投资或控股企业、集体所有制企业等）达 7600 余家，占 95% ；国有控股或独资企业占 4% ，约 300 家企业；外商投资企业（包括外商投资企业、中外合资企业等）占 1% ，约 50 家企业。从市场供需看，2017 年我国煤炭市场供需总体平稳，煤炭市场价格呈小幅波动态势。截至 2017 年底，环渤海 5500 大卡动力煤平均价格为 577 元/吨，较年初小幅下降 2.7% 。随着市场供需状况好转，2017 年煤炭企业经济效益总体向好，截至 2017 年 11 月，煤炭行业利润总额达 2717.6 亿元，同比增长 364.0% 。

为了巩固煤炭行业供给侧结构性改革成果，仍需要对行业加强基于大数据的事中事后监管，使煤炭产业各链条信息更加通畅，市场机制更加健全，相关调控政策的制定更加精准有效。

二　主要数据源

本研究主要数据包括：一是 2016 年、2017 年全国各省份已关停煤矿名单；二是自 2015 年 1 月 1 日至 2017 年 12 月 10 日国内主要新闻媒体、论坛、微博、博客等渠道中与煤炭话题直接相关的数据约

585 万条；三是与煤炭企业相关的招投标数据约 2.55 万条，信用数据约 4097 条，黑名单数据约 1.20 万条，关联方黑名单数据 1.80 万条；四是涉及与煤炭企业相关的裁判文书数据约 4.95 万条；五是2008 年以来煤炭领域核心技术专利数据；六是国家统计局、海关总署、国家煤炭工业网等机构发布的煤炭领域相关统计数据。

三 分析思路

本研究分为煤炭企业去产能运行状况分析和保供稳价中长期合同履约分析两部分，在大量获取相关数据的基础上分别分析去产能的成效、问题、建议和保供稳价的稳价格、保供应、合同履约等情况。主要分析方法如下。

（一）利用统计数据开展对煤炭行业和企业的统计分析

根据国家能源局、国家统计局、工业和信息化部发布的官方统计数据，分析企业数量、类型性质（国企、民企）、技术创新、安全和清洁生产等方面的情况，从而判断煤炭行业和企业的基本运行状况。具体研究分为六个方面：第一，从宏观统计数据入手，发现全国主要产煤大省；第二，梳理工商数据，判断煤炭企业的所有制性质成分；第三，根据各省份已关停煤矿名单，关联相关企业的所有制性质；第四，关联分析煤炭企业的专利数据研究其科技创新水平；第五，分析近几年煤炭安全事故统计情况，研判我国煤炭安全生产事故发生频率走势；第六，分析煤炭企业信用数据，分析其涉环保类行政处罚的次数。

（二）利用舆情数据分析舆论对煤炭行业去产能的看法和建议

通过分析互联网微博、微信、客户端、论坛等舆论话题，总结专家和网民对煤炭企业环境污染、安全监管、诚信体系建设、价格监控等方面言论，并获得网民对煤炭领域事件的关注重点及意见建议。

（三）利用指数分析和关联分析研判行业价格走势和信用状况

通过大数据抓取计算形成煤炭价格指数，分析波动状况及原因，并研判价格走势。同时，根据煤炭企业征信大数据分析全国近 8000 家煤炭企业中直接关联企业的违约、失信、受处罚等情况，分析煤炭企业履约总体形势。具体包括：第一，根据全国煤炭价格指数分析 2017 年煤价格走势及未来行情；第二，根据产量分析近两年煤炭供需状况，预计煤炭产量增速；第三，根据煤炭库存和进出口，预测全国煤炭库存情况和进出口量；第四，依据煤炭铁路运量数据，研究运力与煤炭供需的关联关系；第五，综合裁判文书及多份黑名单分析大型煤炭企业煤电中长期合同履约情况及合同违约案件。

四　分析结论

（一）煤炭生产企业运行状况总体良好，去产能及转型升级工作进展顺利

分析显示，煤炭生产企业运行状况总体良好，去产能及转型升级工作进展顺利，有如下结论。

1. 在已去产能的煤炭企业中，民营企业占比达到 92%

近年来，各地政府按照国家化解煤炭过剩产能相关政策要求，陆续将安全生产条件差、资源枯竭、布局不合理和不符合国家产业政策的煤矿予以关闭，煤炭去产能取得积极成效，有力推动煤炭行业扭亏脱困和健康发展。数据显示，2016 年、2017 年累计关停煤矿约 1900 个，完成煤炭去产能 4.4 亿吨，涉及煤炭生产企业 1028 家。其中，涉及民营企业 947 家，占关停煤矿企业总数的 92%；涉及国有控股或独资企业 76 家、外商投资企业 5 家。

2. 煤炭生产企业技术创新能力不断提高

2008～2017 年，我国煤炭领域核心技术专利数总体呈较快增长态势。其中，2009～2012 年是核心专利技术的快速增长期，分别同比增长 142.8%、34.0%、54.1% 和 64.9%；2017 年煤炭生产企业的新增专利数量较 2016 年下降 12.9%，但较 2008 年仍增长了 11 倍。这表明，

我国煤炭生产企业对技术创新的重视程度不断提高，对专利技术的保护力度逐渐加大，创新能力不断提高。从技术创新涉及的领域看，我国煤炭企业技术创新主要集中在煤矿环保、煤矿开采、煤化工等领域。

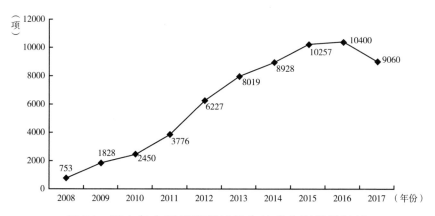

图 34　近十年全国煤炭领域核心技术专利数量统计

资料来源：中国知网。

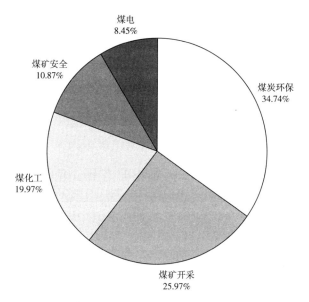

图 35　近十年全国煤炭领域核心技术专利类型统计

资料来源：中国知网。

3. 煤炭安全生产、清洁生产状况有所改善

煤炭安全生产事故发生频率不断下降。2017 年全国煤炭企业共发生 55 起安全事故，较 2016 年事故发生数量有所抬头，但死亡人数较 2016 年大幅下降 31.1%。同时，环保类行政处罚次数明显减少。由于清洁生产能力不断提升，2017 年全国煤炭生产企业环保行政处罚共有 18 次，较 2016 年大幅下降了 66.0%。其中，围绕"扬尘污染"等环保行政处罚占比较 2016 年下降了 10 个百分点。

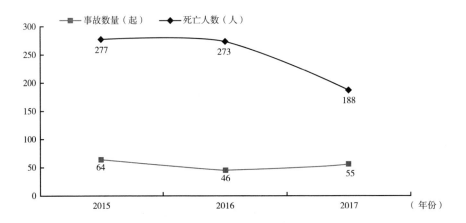

图 36　2015～2017 年全国煤炭企业安全事故发生次数及死亡人数

（二）当前煤炭生产企业运行存在的突出问题

1. 企业资产负债率逐年升高

煤炭行业的资产负债率呈逐渐上升态势。从 2011 年的 58.9% 上升至 2015 年的 67.9%，上升了 9 个百分点。资产负债率上升，表明煤炭行业财务风险加大。煤炭行业的应收账款规模也不断增大，全国煤炭企业应收账款从 2011 年的 2403 亿元，增长到 3850 亿元。应收账款规模扩大，表明煤炭行业经营风险加大。2016 年下半年以来，我国煤炭价格上涨，煤炭行业经济效益出现好转，全国煤炭企业资产负债率有所下降。截至 2017 年上半年，全行业

平均资产负债率为 67.2%，较 2016 年同期下降 1.4 个百分点。但与我国工业企业总体资产负债率水平比仍然偏高，相关债务风险不容忽视。中国煤炭工业协会统计直报的 90 家大型煤炭企业资产负债率在 2017 年 8 月仍高达 71.3%，特别是部分承担去产能任务的煤炭企业，由于债务未得到及时处理，资产负债率上升明显。

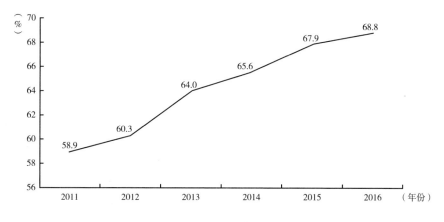

图 37　2011～2016 年煤炭行业资产负债率

表 5　2016 年至 2017 年上半年我国煤炭企业主要财务指标及变化情况

单位：亿元，%

行业指标（平均数）	2016 年上半年	2016 年全年	2017 年上半年
营业收入	179.32	403.00	248.76
销售毛利率	16.58	20.20	25.79
营业利润	−0.54	8.80	22.09
净利润	1.56	6.10	11.77
存货周转率	4.33	9.50	5.70
资产负债率	68.61	68.83	67.22
行业指标（中位数）	2016 年上半年	2016 年全年	2017 年上半年
营业收入	45.55	109.03	72.66
销售毛利率	14.40	15.71	20.73
营业利润	−3.02	0.96	5.86

行业指标(中位数)	2016年上半年	2016年全年	2017年上半年
净利润	-0.49	1.06	2.60
存货周转率	3.40	7.78	4.86
资产负债率	71.43	70.44	70.65

注：数据选取范围为证监会行业分类中煤炭开采和洗选业。

资料来源：Wind。

2. 部分企业安全意识有待加强

一是部分煤炭生产企业对安全生产培训重视不够。2017年国家煤矿安监局全国煤炭安全生产专项大检查结果显示，一些地方监管部门及煤炭生产企业存在从业人员未持证上岗、培训"流于形式"、"乱培训"、"乱发证"等问题。其中，接受检查的456处煤矿中，约有33%的煤矿存在特种作业人员未持证上岗的违规行为。

二是煤炭生产企业在安全生产方面的建设投入较低。2017年全国各省份的煤炭安全生产招投标项目数占其煤炭相关招投标项目总数的比例仅为6.93%。全国生产能力位居前十的省份中，有一半的省份的煤炭企业在安全生产方面的投入低于全国平均值。

三是煤炭生产企业安全事故少报、瞒报情况仍然存在。据不完全统计，2015～2017年，山西、四川、河北、河南均存在疑似瞒报安全事故的情况。

3. 部分环境污染问题广受关注

一是网民对于煤炭生产环境污染问题的关注度较高。对2015～2017年媒体和网民对煤炭企业舆情关注分析发现，对环境污染、贪污腐败、失信、煤价的讨论量占比分别为35.71%、16.67%、16.67%、11.90%。二是扬尘污染问题突出。2017年扬尘污染行政处罚约占环境污染相关行政处罚总数的50%。三是煤炭企业的环保

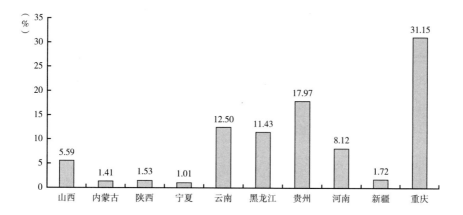

图38 全国生产能力位居前十的省份安全生产投入情况

投入整体不足。从招标数据看，2017 年，全国仅有 12 个省份的煤炭生产企业开展了环境保护治理工作，环保招投标项目数共 21 个，占煤炭生产企业招投标项目总数的 0.51%。

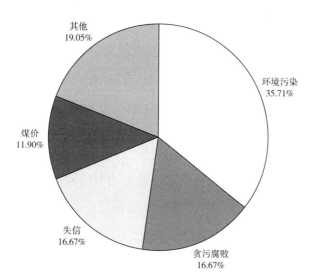

图39 2015～2017 年煤炭领域相关舆情分类

4. 一些煤炭企业失信问题较为突出

全国 8000 家煤炭生产企业中，2017 年有 451 家企业存在失信行

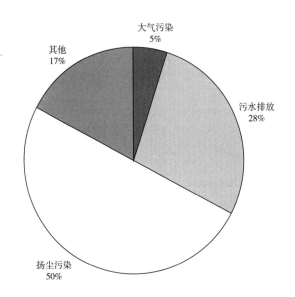

图40   2017年煤炭企业环境污染行政处罚情况

为，其中257家是"失信被执行人"，煤炭领域中"老赖"① 企业占比是3.2%，全国"老赖"企业占比是0.11%，煤炭领域中"老赖"企业占比是全国平均水平的29倍。成都数联铭品科技有限公司（BBD）企业信用行为评分（阿拉丁信用评分②）显示，煤炭生产企业信用水平下降态势明显，全国约8000家煤炭生产企业中，2017年有信用水平降低的企业数量占比33%，信用水平保持平稳的企业数量占比48%，信用水平提升的企业数量占比19%。此外，数据也显示煤炭生产企业信用水平存在两极分化趋势，其中，信用水平中等以上的企业在2017年内信用水平波动较小，信用水平较差的企业信用水平整体下降的同时，波动也较大。

①　"老赖"是指失信被执行人，即被执行人具有履行能力而不履行生效法律文书确定的义务。人民法院应当将其纳入失信被执行人名单，依法对其进行信用惩戒。

②　阿拉丁信用评分是征信机构开发的企业信用行为评分，根据企业过去2年信用行为，预测未来1年的信用违约概率。

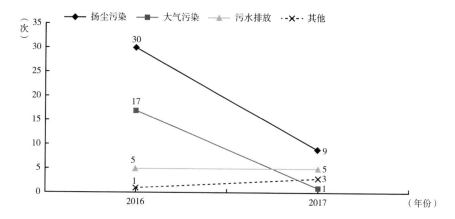

图 41 2016 年、2017 年煤炭生产企业环保行政处罚分类

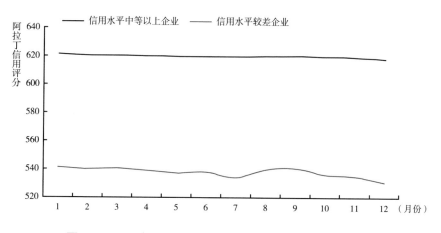

图 42 2017 年煤炭生产企业逐月信用水平变化情况

（三）煤炭领域中长期合同履约总体情况有所好转

1. 2017 年底全国大型煤炭企业煤电中长期合同履约率明显改善

2017 年末全国大型煤炭企业中长期合同履约效果得到明显改善，履约率超过 90%。其中，B 集团 2017 年供应电煤 79.55 万吨，合同兑现率达 107%。总体情况显示，2017 年通过政府的宏观调控措施，中长期合同履约情况明显好转。

表6   2017年部分煤炭企业煤电中长期合同履约情况

单位：万吨，%

集团名称	合同签订量	实际供应量	合同兑现率
A 集团	102.00	97.66	96
B 集团	74.00	79.55	107
C 集团	1747.00	2310.00	132
D 集团	915.00	723.00	80

2. 煤炭企业信用状况有待提高，买卖合同违约情况较为突出

全国煤炭企业合同违约类案件频发，占败诉案件总数的72.17%。全国近8000家煤炭企业中，2015～2017年败诉的案件有5693个，其中，合同违约类（含劳动合同、买卖合同、借贷合同、建筑合同）共4109个，合同违约状况较为频繁。在合同违约案件中，以买卖合同违约较为突出（共1261个），占败诉案件总数的22%。全国近8000家煤炭企业中，存在失信行为的企业共2851个，占煤炭企业总数的36%。

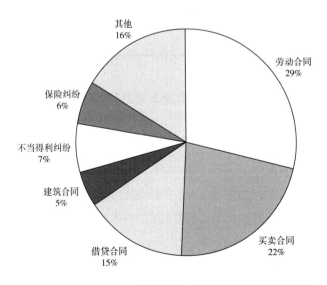

图43   2015～2017年煤炭企业涉诉案件分类统计

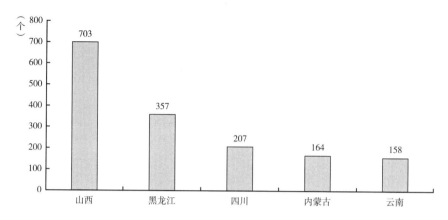

图 44 全国煤炭失信企业数量居前 5 省份

根据煤炭企业征信大数据分析，与全国近 8000 家煤炭企业存在直接关联企业（有投资、董监高任职关系）多达 12.22 万个，其中近 1/6 为黑名单企业①。在黑名单企业中，被执行人为 1.17 万个，占黑名单企业总数的 65.33%；失信被执行人 3764 个，占黑名单企业总数的 20.95%；行政处罚 2322 个，占黑名单企业总数的 12.92%；税务违法 143 个，占黑名单企业总数的 0.80%。

3. 煤炭市场价格波动引起中长期合同签订和履约困难

主要存在三种情况：一是煤炭现货价格高于合同签订价格，煤炭企业不愿按照合同价格交易而损失溢价利润，违约率加大；二是煤炭现货价格低于合同价格，电厂更易违约转去煤炭现货市场交易，煤电合同履约风险加大；三是中长期合同的签订大多在冬季煤炭市场需求相对旺盛期间，考虑到价格波动因素，煤炭企业对合同签订积极性不高。以秦皇岛港 5500 大卡动力煤为例，电煤价格处于高位时，平仓价格为 750.00 元/吨，同比涨幅高达 25%，远远高于电厂盈亏平衡线所能接受的价格，导致签订的中长期合同履约

---

① 黑名单企业指存在严重失信行为的企业。失信行为包括被执行人、失信被执行人、税务违法、行政处罚、合同违约等。

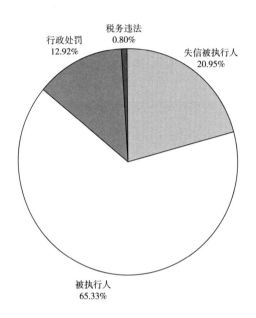

图45 2015～2017年煤炭企业关联方失信行为分类

面临困难。

（四）对策建议

1. 利用去杠杆，降低债务风险

一是建立化解债务风险的办法与体制机制，通过资产处置、资产重组、债转股等手段，降低企业的债务风险；二是针对"去产能"企业的高负债问题出台优惠政策，尤其是解决国有大型煤炭企业高杠杆问题的一揽子政策；三是相关职能部门专题研究降低企业杠杆率的综合措施。

2. 加强安全监管，督促安全生产

一是把安全培训列入日常执法检查重要内容和年度执法计划，重点检查煤矿企业安全培训责任制度建立、执行情况以及培训档案建立情况；二是充分发挥社会监督作用，加大事故信息直报力度，严厉打击生产经营单位瞒报事故行为，督促企业提高安全生产水平。

3. 加大环保力度，促进产业转型升级

一是加大环境治理资金投入，加快改进生产设备和技术工艺，主动向低成本、低能耗、绿色低碳的生产方式升级；二是加快企业环境治理技术创新，不断提高节能减排技术在煤炭开采、加工、储存、运输、转化和利用过程中的应用水平，着力减轻煤炭生产对环境的负面影响；三是不断强化环境保护监管，积极利用现代信息手段，如应用客户端、微信、微博等举报平台，动员全社会力量参与环境保护，严厉打击违规排污、超量排放等。

4. 加强与铁路、港口等部门的沟通协调，确保煤炭外运

积极争取铁路运力支持，调整资源流向，补充港口库存，强化巩固煤电运三方互保，有力保障煤炭供应。同时，优化船货衔接流程，加速港口中转，优先保障告急用户的需求，重点关注电煤船货调度。

5. 建立诚信体系，加强企业信用建设

一是积极引导建立企业诚信体系。按照"政府推动、市场运作"的原则，推动工商、海关、税务等监管部门形成合力，建立相应的企业数据采集鉴别和传播机制，依靠市场的力量，实现企业征信信息的标准化生产、标准化传播和全方位供给。二是提倡企业"守合同、重信用"。以合同管理制度与资金信誉管理制度为核心，促使企业严格按照合同的契约，保证产品和服务的质量，按时交付产品，及时付清款项，自觉以契约精神规范企业的经营行为。三是引入第三方信用服务机构，完善行业监管。依托第三方征信机构开展中长期合同签订履行信用数据采集，建立企业、煤矿、法人、责任人等主体的信用档案，统一保存并运用到未来的监管中，适时公布有关履约信用状况。

第五章

基于大数据的社会信用领域事中事后监管

第一节　监管背景

诚信是中华优秀传统文化的思想精华和道德精髓，是社会主义核心价值观重要组成部分，是构筑中国精神、中国价值、中国力量的重要抓手。社会信用体系也称国家信用管理体系或国家信用体系，是市场经济的重要基础，也是社会健康发展的基本保证，其建立和完善是我国社会主义市场经济不断走向成熟的重要标志之一。但长期以来，信用建设是我国社会主义市场经济发展的一个薄弱环节，已成为影响和制约经济发展的突出因素。缺乏足够的信用，直接导致不少企业陷入危机。面对这种情况，建立和健全国民经济的信用体系就成为当务之急。

党的十八大以来，党中央、国务院高度重视社会信用体系建设。习近平总书记在中央政治局第十三次集体学习、与北大师生座谈、中央统战工作会议、党的十九大等不同场合，多次强调建设社会信用体系、构筑诚实守信经济社会环境的重要意义，并作出工作部署。2014年李克强总理主持召开国务院常务会议，会议通过《社会信用体系建设规划纲要（2014~2020年）》。之后，国家出台了《国务院办公厅关于运用大数据加强对市场主体服务和监管的若干意见》《国务院关于批转发展改革委等部门法人和其他组织统一社会信用代码制度建设总体方案的通知》《国务院关于建立完善守信联合激励和失信联合惩戒制度加快推进社会诚信建设的指导意见》等一系列文件，加快社会信用体系建设。

近年来，社会信用体系建设在神州大地蔚然成风，为通过大数据开展事中事后监管奠定良好基础。基于大数据开展信用领域的事中事后监管，关键在于获取各类信用主体的信用情况，包括守信、失信、合同履约等，并进一步开展分行业、分类型的分析。基于大数据的事中事后监管，有利于高水平、高效率地把握市场主体信用状况，降低交易风险，维护市场公平竞争，优化营商环境，从而使社会主义市场经济体制更加健全完善。本章主要介绍社会信用领域基于大数据的事中事后监管，重点对社会信用建设现状、失信情况与合同履约情况三个领域，在总体介绍监管背景、主要数据来源、分析思路的基础上，分别阐述其各领域的分析结论。

第二节　主要数据源

主要数据源包括：一是 2014 年 1 月 1 日至 2017 年 12 月 14 日互联网微博、微信、论坛、博客、新闻等各大平台与社会信用体系建设直接相关的信息 5994.62 万条；二是 2014～2016 年全国 7942.91 万家企业纳税信息；三是 2017 年 1 月 1 日至 2017 年 12 月 15 日国内专家学者在学术期刊上发表的与社会信用体系建设直接相关的学术论文 1684 篇；四是信用数据约 1.12 亿条（全国工商主体总数 1.11 亿条，行政处罚数据 40.90 万条，工商吊销数据 80.20 万条，买卖违约和借贷违约数据 11.4 万条，失信被执行人 17.7 万条）；五是 2014 年 1 月 1 日至 2017 年 12 月 10 日，相关判决文书信息 1236.09 万条；六是 2014 年 1 月 1 日至 2017 年 12 月 10 日，民事纠纷案件信息 877.02 万条。

第三节 分析思路

一 构建"全国区域信用度指数"用于各地区信用分析

基于税务部门的纳税诚信红榜数据、舆情数据计算得到"全国区域信用度指数"。计算方式为：先以当地税务红榜中企业数除以该地区生产总值，线性投影到 0 ~ 100 区间，得到细分指数 A；再采用扩散指数标准处理方法，以舆情数据计算该地区信用口碑，即（正面评价 + 中性评价 × 0.5）/（正面评价 + 中性评价 + 负面评价）× 100，50 为正负评价临界点，得到细分指数 B；最后，以 0.3 × A + 0.7 × B 得到区域信用度。

二 构建"全国行业信用度指数"用于行业信用分析

基于税务部门的纳税诚信红榜数据、舆情数据计算得到"全国行业信用度指数"。计算方式为：通过语义分析、机器学习等方法，考察某给定时段全国网民对政务、商务、社会、司法四大领域信用程度评价，再结合诚信纳税企业红榜信息（该数据次年初由各地税务部门公示公布），构造行业信用度指数，计算方法类似于区域信用度。

三 利用舆情数据开展政策文本分析

梳理出 102 项与社会信用体系建设密切相关的政策措施，将其归纳为 18 类重点工作，通过语义分析、机器学习等方法，考察 2014 年 1 月 1 日至 2017 年 12 月 14 日全国网民对重点工作认可度和关注度。

第四节　分析结论

在上述数据源和思路支撑下，通过分析社会信用体系、失信情况与合同履约情况三个领域，分别得出如下结论。

一　社会信用体系建设进展情况

近年来，党中央国务院高度重视社会信用体系建设，各部门各地区积极响应，推动行业和地方创新示范、诚信文化建设、培育信用服务市场等举措深受认可。在诸多政策积极作用下，司法、政务、商务、社会四大领域信用建设发生了实质性变化。同时，从地区层面看社会信用体系建设，全国呈现成效显著、潜力巨大、动力不足、问题明显四类区域，其中22个省份为潜力巨大区域；地方信用信息共享平台快速见效，贯彻落实失信联合惩戒制度富有成效，深化信用信息应用等各地代表性做法，表现突出。

1. 信用建设扎实推进，绝大部分举措深入人心

大数据分析发现，绝大部分社会信用体系建设政策措施得到了舆论拥护认可。本研究梳理出102项与社会信用体系建设密切相关的政策措施，将其归纳为18类重点工作，通过语义分析、机器学习等方法，考察2014～2017年全国网民对重点工作认可度和关注度，发现认可度超过50临界点的重点工作达到16项，占比88.9%。以下三项举措舆论认可度较高。

（1）"推动行业和地方创新示范"最受公众好评

近年来，国家积极引导地区和行业开展信用体系建设示范工作。一方面，通过指导各地制定社会信用体系发展规划、建设当地信用信息共享平台、创建社会信用示范城市等工作，全国兴起了社会信用体系建设热潮。另一方面，通过与金融机构、互联网企业、行业协会商

会合作，各领域信用建设极大改观，金融机构信用数据源不再局限于信贷，互联网企业可以放心发展共享经济，行业组织因信用工作而焕发生机，"规范、标准、公信力、市场化、场景应用、授权、打通"等一批新鲜词汇受到网民热议。

（2）诚信文化建设逐步深入人心，呈现群众关注度高、政策认可度高的"双高"局面

当前，各部门、各地区、各单位正开展形式多样、内容丰富的诚信文化宣传教育活动，法人及自然人的诚实守信自觉性不断增强。不仅各级政府及部门积极推广诚信文化，纷纷建设诚信主题公园、诚信一条街等文化载体，信用交通宣传月、企业质量诚信文化宣传和教育等各类活动此起彼伏，而且越来越多的企业正在将诚信视为核心竞争力。

（3）培育信用服务市场初见成效，群众关注度和政策认同度均达到较高水平

专家认为，我国信用服务机构已经发挥了人才优势、技术优势和服务优势，与政府形成了社会信用体系建设大合力，推动了信用服务产品开发创新和市场化运用，激发了信用服务市场活力，促进了诚信社会建设。

2. 四大领域齐发力，司法公信、政务诚信提升明显

本研究通过语义分析、机器学习等方法，考察 2016 年 1 月 1 日至 2017 年 12 月 14 日全国网民对政务、商务、社会、司法四大领域信用程度评价，再结合全国企业 2014～2016 年诚实纳税红榜信息，构造了信用度指数和公信力指数，发现在诸多政策积极作用下，四大领域信用建设发生了实质性变化。具体表现在如下方面。

（1）司法公信力持续攀升

指数从 2016 年的 41.1 提升到 2017 年 12 月的 49.7，增幅达到了

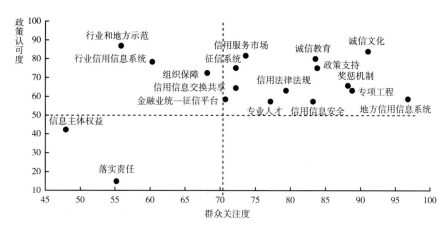

图 46 人民群众对信用工作的关注度与认可度

注：①政策认可度基于全国网络舆情数据，50 为正负评价临界点；②群众关注度表征公众提及总量，经过自然对数及线性变换处理。

20％。分析舆情发现，三年来逐步建立起来的"党委领导、法院主导、部门联动、信息共享、失信惩戒"的司法诚信体系，深受舆论认同。特别是，法院和行政部门开展的多层次信息对接共享，共同对失信行为进行规制和惩戒，使司法判决震慑力、执行力得到空前加强，网民纷纷表示"老赖无处可逃啦"。

（2）政务诚信稳步提升

指数从 52.8 窄幅提高到 54.2。近年来，政府不断加强完善采购、PPP、招投标、招商引资、地方政府债务等领域的信用建设，政务信用信息实现了全国共享。这些举措受到网民点赞。网民认为"与政府打交道更放心了，不怕政府赖账"。

（3）批发零售、制造业、科研服务、采矿业等行业信用提升显著

比如，商务部门对大型商场、超市、批发零售企业等商贸流通领域开展"诚信示范企业"创建活动，培育树立了一批敬法守法、诚实守信、管理科学、服务周到、消费者满意的诚信示范单位，有效引导了企业和个体经营户加强诚信经营，网民表示"到诚信商店买东

西放心"。再如，上海、山东等地的质量监管部门创新工作机制，将质量安全纳入企业诚信管理体系，促进了制造业提质升级，增强了传统制造业新动能。

（4）社会组织、文化、体育、医疗等社会信用建设取得初步成效

比如，医疗领域开展了服务能力和信用评级的"双评"工作，通过"双评"颁发的信用评价证书可作为医疗机构获取银行贷款、商业投融资等金融支持的重要依据，社会办医活力得到增强。再如，针对饱受诟病的社会组织弄虚作假等问题，浙江省重拳出击，建立社会组织失信"黑名单"数据库，并通过"信用浙江"等网站、省社会组织信息平台等途径公布，有效治理了申请登记时弄虚作假骗取登记、从事以营利为目的的经营性活动等长期想解决而未解决的问题。

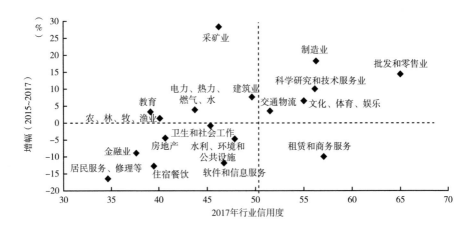

图 47　近年来各行业信用建设成效

3. 各地积极响应，大部分区域信用程度快速提升

从区域层面，通过大数据分析、构建区域信用度指数，对各地区的信用水平进行分析。发现北京、上海等地区区域信用度高，近年增幅大；其次，湖南、湖北、山西等 22 个省份近年来信用水平

建设也稳步提升。梳理舆论观点，各地以下做法受到普遍称赞。

（1）地方信用信息共享平台快速见效

"平台是信用建设的抓手"成为各地共识，各地普遍将平台建设列为工作重点，争取早见成效。比如，上海市早在 2013 年初即提出建设公共信用信息服务平台，同年 6 月实现了面向政府部门开通试运行，次年 4 月正式面向社会提供服务。当时有上海市民赞叹道："网上逃犯、欠钱的，再也无法遁形了。"

（2）贯彻落实失信联合惩戒制度非常有力度有成效

联合惩戒不只在司法领域威力大显，在各地方各领域也推动着治理能力现代化。比如，湖南从构建守信激励、失信惩戒制度框架入手，构建以信用为核心的新兴市场监管体制，有网民认为"一处守信，处处受益；一处失信，处处受限"的社会环境在湖南初步形成。再如，贵州环保厅 2017 年以来公布了 319 家企业的环保失信"黑名单"，专家认为这将督促相关企业自觉履行环境保护法律义务和社会责任。

（3）深化信用信息应用增加百姓福祉

比如，贵州等地方政府将企业纳税信用、涉税数据等信息与金融服务挂钩，提供"税源贷""银税互动"等优惠政策，很受当地群众欢迎。再如，甘肃等地围绕构建普惠金融服务体系、改善农村地区信用生态环境，开展"三信"（农村信用户、信用村、信用乡）评定、农（牧）户信用信息管理系统建设等活动，加快了当地"三农"信用建设进程，促进了乡村振兴。

二 失信情况

分析显示，近年来，我国舆论对信用问题的关注度日益攀升，商务、政务、社会等领域失信行为仍层出不穷，特别是广告、交通、房地产等领域失信问题尤为突出。同时，互联网舆情数据显示，民众对传销、环境污染等失信违法行为反响强烈。

1. 当前失信总体情况

2014年1月1日至2017年12月17日我国各领域失信主体累计约173万个，其中2014年、2015年、2016年、2017年分别达23.80万个、25.54万个、55.01万个和68.32万个。失信主体数量排名前十的省份失信主体总数占全国的比例达62.03%。从失信性质来看，工商吊销类占比最多，达到50.69%；其次是行政处罚类，占失信总量的24.91%；失信被执行人也较多，占失信总量的10.81%。从失信涉及领域来看，商务诚信领域失信主体占比最高，达89.32%；社会诚信和政务诚信失信主体占比排第二、三位，分别占5.56%和5.12%。从企业性质来看，股份制企业失信主体占比最高，达47.70%；其次为个体户和个人独资企业，占失信主体总量的比重分别达26.99%和12.83%。从企业规模来看，中型企业失信问题最为严重，占该型企业数量的比重达6.20%，其次是大型企业和小型企业，失信主体数量占比分别达5.41%和3.74%。

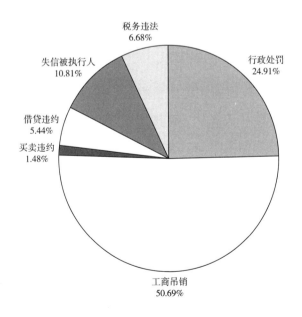

图48 2014～2017年六大类型失信数量占比

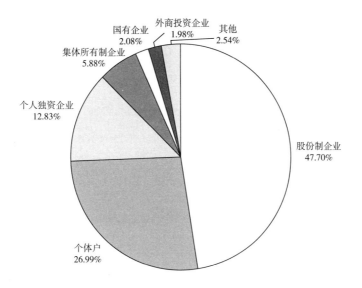

图 49　2014～2017 年不同性质失信主体数量占比

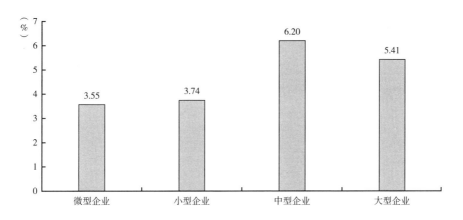

图 50　2014～2017 年不同规模的企业失信数量占比

注：微型企业失信占比＝微型企业失信数量/微型企业总数，其余类似。

2. 重点领域失信情况

（1）广告领域失信情况最为突出，虚假宣传屡禁不止

在十大重点失信整治领域中，广告领域失信问题最为严重，在所有失信主体中占比达 24.10%。部分企业社会责任感严重缺失，在利

益的诱惑下，制作发布的广告涉及虚假宣传，严重误导消费者。舆论认为，虚假广告之所以屡禁不止，在于广告管理流程存在漏洞。此外，还有舆论反映，一些不良商家通过虚假承诺诱使消费者办理健身卡、美容美发卡、婴幼儿早教卡等，"圈钱"之后商家各种"跑路"，消费者维权难度大。

（2）交通运输领域失信主体占比位列第二，交通违规肇事频发

交通运输领域失信主体数量占失信主体总量的比重达22.22%，位列第二。一是交通肇事拒不履行事故救助义务。对此，网民称，"希望法院还是严格依法审理，依法执行。陪'老赖'玩游戏，不如当机立断，敲响公平正义的法槌"。二是车辆超载屡禁不止，特别是重型货运车辆超载严重破坏公路路面及其桥梁设施，极易引发道路交通事故。交通大数据显示，70%的道路交通事故是由车辆超载引发的，50%的群死群伤事故、重特大道路交通事故与超载有直接关系，网民强烈建议超限入刑。三是酒驾醉驾、违规停车、乱闯红灯以及共享单车随意停放加大交通安全隐患。2017年12月公安部交通管理局视频会披露，仅2017年10～12月，全国共发生酒后驾驶肇事事故302起，造成104人死亡、268人受伤。另外，随着共享单车快速普及，由此引发的占道、交通事故、诈骗等失信问题也引起越来越多的关注。2017年8月《中国新闻周刊》发文称"这场从移动互联网上诞生的创新，正日渐成为一场资本、创新、城市公共管理能力与个人社会公德之间的较量"。

（3）房地产是失信重灾区，合同违约、"假离婚"等问题突出

受房价波动、城市房地产调控以及住房拆迁补偿政策变化等影响，近年来房地产领域失信问题也十分突出，占失信主体总量的比重达21.15%。一是由于房价变动剧烈，买卖双方合同违约问题高发。在房地产市场火热时，住房价格快速上涨，部分卖家签约后出现反悔而"拒不过户"；而随着政府加大房地产市场调控力度，楼市趋冷，

一些买家又因担心房价下跌而出现弃购违约。二是为规避限购、认房认贷政策，催生大量"假离婚""假结婚"等婚姻失信现象。舆论反映，2016年8月底，上海传言9月要出台更严厉的楼市调控方案，掀起了一股"假离婚"热潮，甚至出现夫妻有说有笑地办理离婚的奇观。三是房地产中介人员为促成交易违规操作，加剧失信风险。为促成房地产交易，一些中介人员常常建议买家和卖家签订"阴阳合同"来避税和提高杠杆率，进而骗取银行的高额贷款，当法院判合同无效，买卖双方随即陷入合同纠纷。

（4）政务领域失信状况有待改善，"官本位"思想亟须剪除

数据显示，全国共有100多个地方政府被列入失信被执行人名单。被列入失信黑名单的地方政府多数为乡镇一级政府，但也有县级、地市级政府"上榜"，有些地方的乡镇一级政府几乎是"集体上榜"。从上榜原因看，地方政府部门被列入失信黑名单主要因为拖欠工程款，违反财产报告制度，违法强拆，拒绝赔偿原告地上种植物损失等，也有地方政府出现伪造证据，妨碍、拒绝执行等失信行为。有网民评论"地方政府上榜'失信被执行人'名单的背后，是越来越多的'民告官'得以胜诉，这也体现了最高法整治'老赖'的决心。但个别地方政府面对法律审判时拒不执行的态度也表明'官本位'思想依然严重"。

此外，民众对传销、环境污染等失信违法行为反响强烈。在传销方面，目前异地聚集式传销虽得到遏制，网络传销则呈迅猛蔓延态势，舆论关注度达98.23。部分传销潜入校园，利用"校园贷"等平台进行传销诈骗。据腾讯网报道，2017年2月吉林长春警方破获一起特大"校园贷"诈骗案，犯罪嫌疑人利用传销模式骗取大学生的身份信息，涉案学生多达150余人。办案人员发现涉案学生普遍存有侥幸心理，鲜有人主动报案，并且积极发展下线，诚信意识和道德水准令人担忧。也有一些传销穿上区块链

外衣，打造传销噱头。在环保失信方面，虽然我国不断加大环境保护力度，但各地环境污染事件仍层出不穷，舆论关注度达97.34。近年来，我国接连曝光多起环境污染事件，这表明，目前我国相当一部分企业环保诚信意识仍较淡薄，同时，一些地方政府部门贯彻新发展理念不力，仍存在为了发展经济对环境污染睁一只眼闭一只眼的问题。

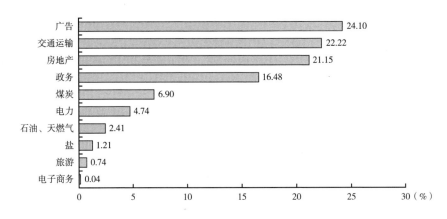

图51 十大重点整治领域失信主体数量占比

三 合同履约情况

合同履约是信用体系建设的重要组成部分，也是推进诚信工作的关键抓手。分析结果显示，从总体看，近年来合同履约情况稳中向好；从主体看，三大信用主体违约案件数均有所上升，商务主体和个人违约最为突出；从领域看，商务领域合同违约比例最高，其中房地产行业情况最为严重；从地区看，东部省份合同违约较多，中西部地区合同违约案件占民事案件的比重近两年上升明显。

1. 从总体看，近年来合同履约情况稳中向好

（1）社会公众对合同履约情况总体满意度较高

"合同履约"即"履行合同约定"。《中华人民共和国合同法》

规定，"当事人应当按照约定全面履行自己的义务，遵循诚实信用原则，根据合同的性质、目的和交易习惯履行通知、协助、保密等义务"。自国务院 2014 年 6 月印发《社会信用体系建设规划纲要（2014～2020 年）》（国发〔2014〕21 号）以来，我国信用标准体系不断健全，基础设施更加完善，监管机制逐渐成熟，社会信用体系建设取得长足进展。互联网大数据分析发现，2017 年以来公众对合同履约保持较高满意度，且满意度稳定维持在 70～73 的乐观区间。

（2）合同违约案件占民事纠纷案件比例呈下降趋势

《合同法》规定，"当事人一方不履行合同义务或者履行合同义务不符合约定的"即构成违约。合同违约是合同履约的对立面，违约案件比例的减少意味着合同履约状况的改善。通过对 2014～2017 年全国诉讼文书数据分析显示，虽然近年来全国民事纠纷案件及其中的合同违约纠纷案件的绝对数量有所上升，但合同纠纷案件增幅明显低于民事纠纷案件，合同违约案件的绝对增量有所减少，增速明显放缓，在一定程度上说明合同履约状况正在向好发展。同时，从占比来看，近两年合同违约纠纷案件占民事纠纷案件的比例开始出现下降趋势。

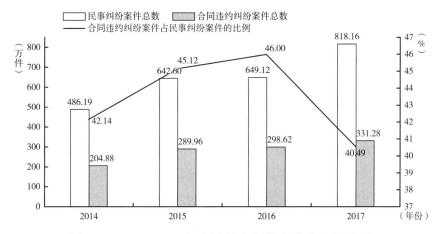

图 52　2014～2017 年全国民事纠纷案件和合同违约
纠纷案件数量及占比

2. 从主体看，三大信用主体违约案件数均有所上升，商务主体和个人最为突出

2014~2017 年，政务主体、商务主体、个人三大信用主体涉及合同纠纷案件数量逐年上涨，其中商务主体案件数量最多，增长最快。以商务主体为例，2014~2017 年商务主体案件数量年均增长率为 18.31%，2017 年商务合同纠纷案件达 65.2 万件。从三大信用主体合同纠纷案件数量的占比来看：政务主体、商务主体、个人发生合同纠纷案件的比例分别为 1.26%、53.11%、45.63%，商务主体的案件数量占比最高。

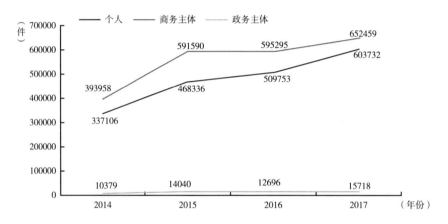

图 53　2014~2017 年三大信用主体合同纠纷案件数量情况

具体分析结论如下。

（1）商务主体合同纠纷多以金融借款合同类纠纷为主

商务主体合同纠纷多以金融借款合同类纠纷为主。分析显示，2014~2017 年，各商务主体发生合同违约的类型多以金融借款合同纠纷、物业服务合同纠纷、劳务合同纠纷、房屋租赁合同纠纷、建设工程施工合同纠纷、商品房销售合同纠纷、商品房预售合同纠纷为主，其中金融借款合同纠纷占比高达 41.92%。

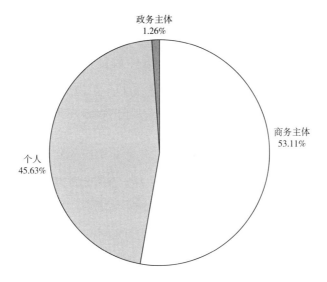

图 54 2014～2017 年三大信用主体涉及合同
纠纷案件数量占比情况

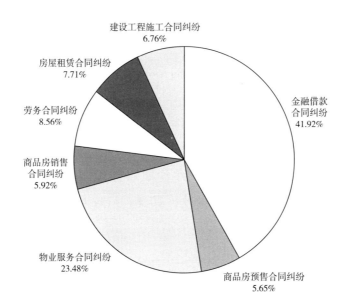

图 55 2014～2017 年商务主体典型合同纠纷类型占比情况

（2）在个人诚信方面，民间借贷纠纷案件频发，租车不还、信用卡恶意套现等违约行为时有发生

2014～2017年，民间借贷纠纷案件数呈明显上升趋势，尤其进入2016年，民间借贷纠纷案件突增至112.5万件，比2015年上涨108.40%；2017年案件数量持续上涨，比2016年增长8.05%。

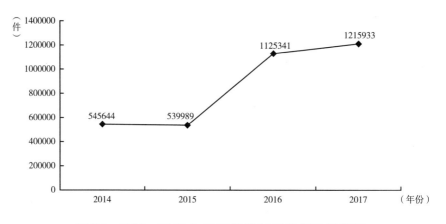

图56　2014～2017年民间借贷纠纷案件数量情况

（3）政务主体涉及合同纠纷的案件数量较小，总体变化趋势相对平稳

政务主体涉及合同纠纷的案件数量较小，总体变化趋势相对平稳。2014～2017年，涉及政务主体的合同纠纷案件数量总体占比不高，但近两年有上涨趋势，2017年涉案数量15718件，与2016年相比上涨23.80%。互联网大数据分析发现，造成政府机构合同违约的主要原因有三方面。一是政府官员不作为、不担当（关注度93.26）。二是新官不理旧账，政策没有连续性（关注度92.80）。三是滥用职权干涉经营（关注度85.38）。

3. 从领域看，商务领域合同违约比例最高，其中房地产行业最为突出；行政事业、文化行业合同违约案件数量增长较快

《社会信用体系建设规划纲要（2014～2020年）》提出要在政务

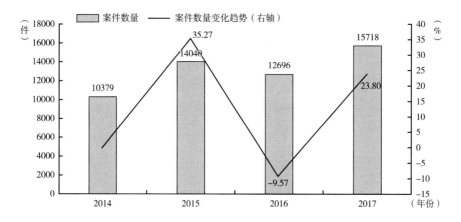

图 57 政务主体涉及合同纠纷案件数量及环比变化趋势

诚信、商务诚信、社会诚信和司法公信四大重点领域实现突破。大数据分析 2014 年 1 月至 2017 年 12 月合同违约案件发现，商务诚信领域违约案件最多，占到全部案件数量的 81%。进一步细分行业发现，房地产和交通运输等商务领域合同违约纠纷案件数量较多，在案件总量前 10 位的行业中占 6 位，特别是房地产行业合同纠纷案件数量高，增长快；在案件总数排名前 5 位的行业中，行政事业、文化行业案件数量增速较快，交通运输、科研行业案件数量增速有所放缓。

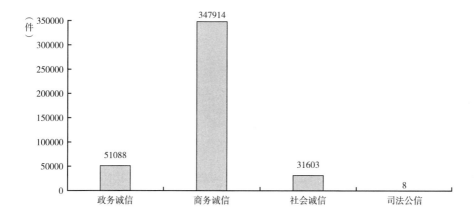

图 58 2014～2017 年四大重点领域合同违约案件数量

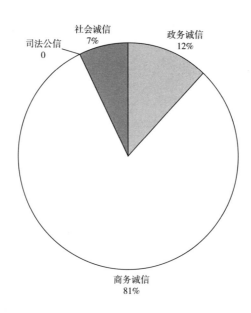

图 59　2014～2017 年四大重点领域合同违约案件数量占比

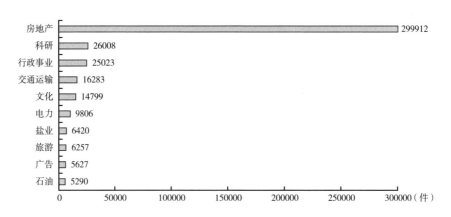

图 60　2014～2017 年合同违约案件总数量前 10 位的行业

具体分析结论如下。

（1）房地产行业合同违约案件数占商务领域合同违约案件总数的 86.20%，且数量呈逐年上升趋势，房价波动及调控政策变化是主要诱因

房地产行业合同违约案件数占商务领域合同违约案件总数的

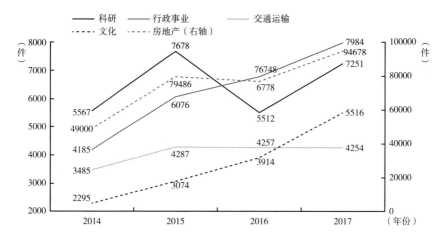

图 61　2014～2017 年主要行业领域合同违约案件数量变化情况

86.20%，且数量呈逐年上升趋势，房价波动及调控政策变化是主要诱因。近年来，房地产行业合同纠纷违约案件数量居各行业之首。2014～2017 年累计近 30 万件，年均增长 24.54%，并呈现阶梯式上升趋势。房地产行业合同违约受房价波动和调控政策影响较大，主要表现为，在楼市调控变动较大的年份，购房资格、限购、贷款条件变化导致违约案件高发。如 2014～2015 年国内主要大中城市商贷、公积金、征税等购房政策宽松，楼市火爆，涨价迅速，部分卖家签约后因反悔而"拒不过户"。

（2）行政事业、文化行业合同违约案件数量增长较快

2014～2017 年行政事业行业合同违约案件数量不断增长，累计超过 2.6 万件，年均增长率超过 24%。舆论关注较多的行政事业合同违约表现为：一是行政主体擅自变更、解除合同（关注度 92%）；二是行政主体滥用对相对方的监督权（关注度 87%）；三是行政主体滥用行政强制措施（关注度 83%）。行政事业违约案件高发给政府形象和公信力带来较大负面影响。2014～2017 年文化行业合同违约案件累计 1.47 万件，年均增速超过 33%，出现较快

增长。其中重要原因在于文化产业及产品创意性较强，即使签订交易合同后仍容易被模仿、复制，造成违约纠纷多发。舆论普遍反映文化行业"山寨高发"严重打击文艺工作者积极性，损害产业长远发展。

（3）交通运输、科研行业合同违约案件数量增速有所放缓

2014～2017年交通运输行业合同违约案件数量累计达到1.63万件，年均增长6.82%，但自2015年以来增长速度有所放缓。近年来交通运输主管部门不断加强对公路、铁路、水路、民航、管道等不同运输市场和经营门类的分类监管，将各类交通运输违法、违约行为列入失信记录，取得较好成效。2014～2017年科研行业合同违约案件数量累计达到2.6万件，年均增长6.83%，波动下降趋势初现。违规使用科研经费是科研合同违约的主要表现形式之一，一方面是由于项目负责人和单位忽视监督义务，对科研经费监督执行力度不足；另一方面也有科研经费管理缺乏灵活性，科研人员劳动报酬过低等客观因素。随着国家对科研创新的重视，科研项目签约合同不断增加，违约状况略有好转。

4. 从地区看，东部省份合同违约案件量较多，中西部地区合同违约案件数占民事案件数的比例近两年增幅明显，房地产违约案件占各地主体

（1）从地区看，东部省份合同违约案件量较多

中西部地区合同违约案件占民事案件的比例增幅明显，房地产违约案件占各地主体。

东部省份合同违约纠纷案件绝对数量较大，但占民事案件比例增幅不高。2014～2017年，浙江、江苏、山东和广东等东部省份的合同违约案件总量较大，位居全国前列。由于当地企业、居民对于涉及生产、生活等过程的合同签订意识和意愿均较高，因此这些地区的合同纠纷案件占民事案件比例也普遍偏高，如上海、江苏、山东的

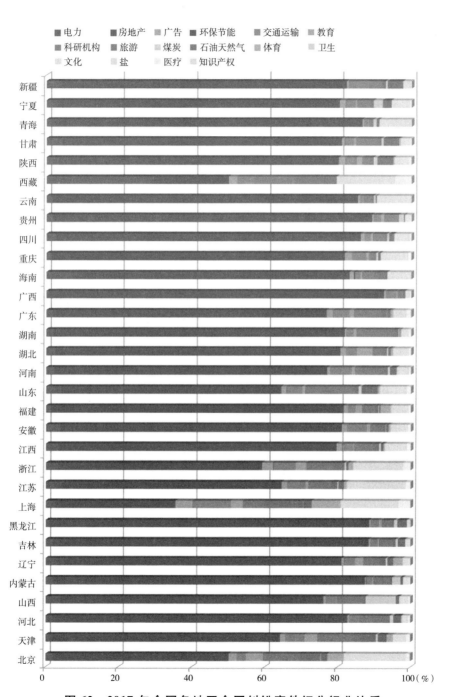

图62　2017年全国各地区合同纠纷案件细分行业比重

占比 2017 年依次达到 75.04%、68.68% 和 64.24%。不过东部省份合同案件占民事案件比例增幅有限，大部分在 3~6 个百分点，广东省甚至出现轻微回落，减少 0.09 个百分点。

（2）中西部地区合同纠纷案件占民事案件比例增幅明显

2016~2017 年甘肃、河南、湖北、云南等中西部地区合同纠纷案件占民事案件的比例增幅明显高于东部地区。2017 年，甘肃和河南合同纠纷案件占民事案件的比例分别达到 69.75% 和 67.52%，相对 2016 年增幅约在 10 个百分点，占据前列。云南、湖北和湖南占比依次达到 70.48%、65.12% 和 68.91%，位居第三、四、五位，增幅约在 9 个百分点。紧随其后的省份包括山西、江西、安徽、陕西和广西，2017 年占比分别达到 58.74%、74.60%、70.64%、65.59% 和 68.68%，较 2016 年相对增幅均在 6 个百分点以上。

（3）涉房地产合同纠纷占比均居多数地区首位

涉房地产合同纠纷占比均居多数地区首位。全国绝大部分省份合同违约案件中，房地产合同案件占比平均为 75% 左右，涉房地产合同案件已呈现全国多发、频发的蔓延态势。

第五节 对策建议

根据对社会信用体系、失信情况与合同履约情况三个领域的分析，分别得出如下对策建议。

一 关于完善社会信用体系建设的建议

为科学准确地把握专家和网民的期盼，我们综合运用智能分词、共词网络、自动聚类等技术手段勾勒出 1351 位专家于 2017 年 1 月 1 日至 2017 年 12 月 15 日对进一步做好社会信用工作建言的"内在逻辑图"，结合当前网络舆论呼声，提炼如下期盼建议。

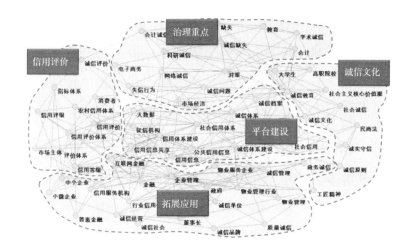

图63　专家对进一步做好社会信用工作建议的热点地图

1. 进一步加强平台载体建设

专家建议工欲善其事，必先利其器。首先，丰富信用信息共享平台内容，完善信用联合奖惩子系统、政务诚信子平台等功能模块，鼓励地方将平台下沉到街道（镇）、社区。其次，更为科学有效地归集司法判决、行政处罚、纪律处分、问责处理等数据，将"简单堆积入库"转变为"设定好规则属性后有条理地安放入库"，方便检索使用和深度加工。再次，加大公共信用产品输出力度，在优化便民服务基础上，优化信用平台和网站窗口接入办法，方便公众获取信息，向社会开放更多更实用的公共信用信息。又次，继续发挥好市场信用信息的补充作用。最后，加强信用信息保障，统筹好效率与安全的关系。

2. 拓展信用信息应用场景

第一，政府带头深度应用信用信息。在事中事后监管领域，积极开创以信用监管为重要组成的监管新格局。在民生服务方面，鼓励各级政府运用守信安居计划、道德模范金色档案、信易租等信用惠民措施。在业务办理方面，为守信主体提供优先办理、容缺受理、简化程序等便利服务。第二，鼓励行业信用建设。引导商贸、旅游、交通、保险、培训、家政、房地产、共享经济行业，开展行业信用评价、诚信自律、诚信服务、诚信监督，对守信和失信主体开展联合激励和惩戒。第三，扶持信用服务产业发展。加强与高质量信用服务企业资源对接、信息共享，加大社会信用体系建设专项资金帮扶企业力度，鼓励市场主体运用人工智能、区块链、大数据、云计算等新技术，实现公共信用信息和市场信用信息的融合创新。

3. 健全信用建设"生态环境"

既要加强检查考核，对各地区各部门数据归集、信用应用、奖惩案例报送等工作开展信用监测和考核；又要完善信用环境综合评价方法，引导地方克服"重硬件、轻软件"的习惯思维，促进信用信息开放共享、政务诚信、信用惠民、联合惩戒等软环境建设，推动经济社会高质量发展；还要健全公共信用评价标准，将众多行业信用评价标准中共性元素提炼出来，改变当前工商、海关、金融、环保、住建、质检、税务、交通等领域信用标准各自为战、缺乏可比性通用性的不利局面；更要推动跨区域跨领域跨层级的信用联合奖惩联动，尽快实现环境保护、食品药品、产品质量、市民服务、企业服务、旅游、司法等领域多维度联动，促进全社会诚实守信风气早日形成。

二　关于激励守信、惩戒失信的建议

1. 加快搭建信用信息共享平台，打破信用信息孤岛

信息孤岛的存在、数据壁垒未打通是目前我国信用体系建设仍面临的突出问题。对此，一是要完善信用信息收集共享法律法规。舆论认为信用信息内容涉及面广，来源复杂，采集与使用过程中会涉及许多非常敏感的问题，必须通过强化社会信用领域立法，规范信用信息的

收集、共享行为。二是要继续完善信用信息共享的模式和激励机制。以开放平台模式探索信用信息共享平台市场化运作机制，明确参与各方的权利和义务，从而为各方分享数据提供充足动力。三是要加快政府部门信用数据、信用信息共享平台数据等向第三方信用服务机构开放，推动第三方信用服务机构发展，打造多层次、全方位信用服务体系。四是要加强信用信息上报、传输以及共享信息展示等平台标准的研究制定，提高平台运行效率。

2. 不断完善落实信用联合奖惩机制，让失信者寸步难行，守信者一路畅通

联合奖惩是信用建设的"牛鼻子"。对此，一是要营造浓厚的"激励守信、惩戒失信"的社会氛围，继续强化失信惩戒，努力实现信息共享及惩戒领域和惩戒措施的全覆盖，让失信者处处受限，切实感受到失信行为带来的切肤之痛。同时，弘扬守信激励，降低守信成本，增强守信者的获得感。二是要完善社会舆论监督机制，鼓励社会组织、社会机构等充分发挥社会舆论监督作用，对失信者形成强大的社会震慑力。三是要继续完善和规范信用修复机制。加快建立有利于自我纠错、主动自新的社会鼓励与关爱机制。对于失信的企业和个人，通过失信评估、信用修复辅导、信用培养等信用修复过程，支持失信者通过各种有效方式修复自身信用；使失信人在经济和时间上付出一定的成本后，懂得尊重信用，遵守信用，看到守信的红利；增强对失信者的改过自新激励；不断提升各类主体的信用获得感。

3. 积极推动区块链等在信用领域应用，为社会信用体系建设插上科技的翅膀

一是充分利用区块链具有的去中心化、不可篡改、可信任性、可追溯、全网记账等优势，加快区块链在信用体系建设中相关技术的研发和应用，重点加强区块链技术在客户征信与反欺诈、智能合约、基

于供应链的信用评价机制等领域的技术研发和示范应用，有效解决交易的信任和安全问题。二是围绕信用风险防控、反欺诈、反洗钱等重点应用领域，以信用大数据为依托，全面推动人工智能、大数据等现代技术在信用领域的深度运用，加强相关模型设计和算法研究，不断提高信用大数据价值挖掘和相关应用能力。

4. 强化诚信教育和信用文化建设，让诚信观念入脑入心

一是要积极推动诚信教育进课堂。在各类各级学校中积极开展各种类型的诚信教育活动，鼓励各类各级学校积极开设特色诚信教育课程，积极探索全程全人诚信教育体系，切实让诚信理念根植到每个学生的心中。二是要加强重点人群的诚信意识教育。依托典型案例，切实强化公务员、律师、会计、金融从业人员、教师、医生等重点人群的宣传教育，完善重点人群个人信用报告制度和公示制度，不断提高重点人群的诚信意识。三是要大力弘扬和传承我国"以诚为本、以信为先"的优秀文化传统，筑牢社会诚信体系的基石。

三　关于加强合同履约的建议

当前营造"重合同、守信誉"的社会氛围已经成为人民群众及各行各业的共同渴望。公众和专家热切期盼提升全社会合同履约水平，实现"让守约者一路畅通，让毁约者寸步难行"。具体期盼和建议如下。

1. 期盼强化合同标准规范，做到"明规矩于前"

"模糊合同""阴阳合同"是企业和老百姓在合同纠纷中常遇的"痛点"，为此专家和有关部门建议各类合同应依据自身情况推行示范文本，规范用语及时间，避免歧义。如北京市住建委于 2017 年 12 月发布的《〈北京市存量房屋买卖合同〉示范文本》，有助于减少房地产合同纠纷，获得社会广泛好评。

图 64　公众期待和专家建议词云

2. 期盼加强履约过程监管，落实"寓严管于中"

企业普遍认为监管力量的介入可以在合同履约过程中起到保驾护航的作用，如全国工商管理系统已连续 30 余年开展"重合同守信用"企业评选工作，起到了净化和规范市场主体履约行为的良好作用。监管部门或行业协会应当定期形成行业合同履约信用报告和"红黑名单"，及时向社会公布。

3. 期盼加大违约惩戒力度，实现"施重惩于后"

公众普遍感到"违约成本低""处罚力度轻"是违约高发的重要诱因，期待执法部门加大对合同恶意违约、欺诈行为的打击力度，集中力量查处一批典型案件，形成对违约行为的强大"威慑"。如深圳楼市曾因房价暴涨而出现一批"违约潮"，深圳市南山区人民法院在卖家违约案中果断支持继续交易，并判决卖家按每日万分之五支付违约赔偿。

4. 期盼健全社会诚信体系，确保"履约伴终身"

信用伴随个人、企业和社会组织的整个生命周期，信守承诺、履行约定才能带来更好的信用。社会普遍期待在不远的将来，包括履约记录在内的诚信体系能够更加有利于限制毁约者，成就守约者，让守约者一路畅通，让毁约者寸步难行。

第六章
基于大数据的环保领域事中事后监管

第一节　监管背景

　　环境保护一般是指人类为解决现实或潜在的环境问题，协调人类与环境的关系，保护人类的生存环境、保障经济社会的可持续发展而采取的各种行动的总称。十八大以来，以习近平同志为核心的党中央不拘泥于眼前，不受制于现实，不畏惧于挑战，着眼人民的福祉和民族的未来，从党和国家事业发展的全局出发，大刀阔斧，攻坚克难，以巨大的政治智慧和勇气，加快推进生态文明顶层设计和制度体系建设，深入实施大气、水、土壤污染防治三大行动计划，环境治理体系和治理能力现代化水平得到显著提升，生态环境质量实现明显好转，群众获得感和满意度大幅增强，为美丽中国建设打下了坚实的基础。

　　总体上看，我国生态环境质量持续好转，出现了稳中向好趋势，群众获得感和满意度稳步提升，但成效尚不稳固。随着环境问题越来越复杂，实现环境质量明显改善的目标要求越来越紧迫，环境领域事中事后监管的难度越来越大。面对环境监管对象复杂、范围广泛、任务繁重、社会关注度高、影响面大的现实问题，仅靠人员有限的环境执法队伍用通常的执法手段已经难以应对当前的监管要求。因此迫切需要转变思维观念，创新监管手段，运用新技术手段打造新的监管利器，实现环境监管能力现代化。

基于大数据的环境领域事中事后监管可以整合各部门有关污染源企业的信息以及社会公众举报的信息，通过综合分析，发现环境监测数据造假、未批先建、违法偷排等环境监管漏洞，提高执法的精准性，提升环境监管水平。本章主要介绍环保领域基于大数据的事中事后监管，在监管背景、主要数据源、分析思路的基础上，阐述分析结论及对策。

第二节 主要数据源

本研究主要数据源包括：一是自 2013 年 1 月 1 日至 2018 年 10月 10 日国内主要新闻媒体、论坛、微博、博客等渠道中与污染防治工作直接相关的数据约 824 万条；二是同期环境保护部发布的 74 个城市空气质量数据以及地表水质量数据；三是专利数据约 73.3 万条；四是水环境数据 8400 余条；五是企业注册数据约 105 万条；六是中国知网论文 1000 余篇。

第三节 分析思路

针对环保领域的监管需求，本研究从三个方面进行大数据分析。

一 利用环境统计数据分析生态环境状况

通过大数据技术抓取生态环境部、各省份及以下各级生态环境业务系统公布的大气、水源、土壤的基础数据，以及国内外环境保护组织公开发表的研究报告，构建生态环境数据库并定期更新，分析研判全国性、区域性的环境状况和问题。

二 利用互联网舆情分析专家和公众对生态环境领域的问题与建议

通过分析互联网微博、微信、客户端、论坛等渠道中的公众讨论话题，重点挖掘舆论质疑和担忧，在此基础上，进一步筛选并聚焦互联网上民众对于环境保护方面集中关注的问题及建议，并量化反映民众对于治理措施的认可程度。

第四节 分析结论

一 近五年污染防治行动成效明显

（一）治理方式不断创新

十八大以来，党中央、国务院陆续出台了一系列政策举措，不断创新污染防治方式方法，有效激活了环境治理原动力，显著提升了环境治理体系和治理能力现代化水平。在污染防治目标设计上，从污染物总量的单一目标变成环境质量改善和污染物总量控制的双控目标，抓住了提高环境质量的核心问题。"十二五"期间我国治污取得显著成效，但污染物总量这一单一控制目标逐渐无法适应环境保护和污染治理新形势，为此，国家提出了环境质量和污染排放总量"双控"的新思路。在污染防治绩效考核上，环保问政倒逼政绩考核从"GDP政绩"向"绿色政绩"转轨，让绿色发展理念深入人心。近年来，中共中央办公厅、国务院办公厅先后印发一系列文件，不断加强环保绩效在各级官员考核中的分量，如2015年8月《党政领导干部生态环境损害责任追究办法（试行）》提出"党政同责"；2016年9月《关于省以下环保机构监测监察执法垂直管理制度改革试点工作的指导意见》提出了环保"垂直管理制度改革"，由此倒逼地方政府履责，制度化、机制化、长效化地推动党政同责、一岗双责；2016 年 12 月《生态文明建设目标评价考核办法》明确将环保绩效作为党政领导综合考核评价、干部奖惩任免的重要依据。在监管方式上，由"行政命令式"逐步转向更多采取市场化调控措施，不断创新污染治理和防控方法。《关于进一步推进排污权有偿使用和交易试点工作的指导意见》（国办发〔2014〕38 号）、《控制污染物排放许可制实施方案》（国办发〔2016〕81 号）、《排污许可证管理暂行规定》（国办发〔2016〕81 号）等一系列文件逐步建立完善了"排污许可制＋排污权交易"的机制，用市场化调控手段创新排污管控办法。2018 年 1 月 1 日起将开始实施的《中华人民共和国环境保护税法》将排污费改为环保税，在倒逼企业治污减排、引导企业绿色生产、产业技术升级上迈出了关键一步。

（二）治理成效逐渐显现

1. 源头治理成果喜人，"四个结构"得到进一步优化

产业结构方面，2018 年前三个季度钢铁行业产能利用率达到 78.1%，高技术制造业、战略性新兴产业增加值同比分别增长 11.6%、8.6%。能源结构方面，仅 2018 年前 7 个月，全国退出煤炭产能已为 8000 万吨左右，我国全年非化石能源发电新增装机占全球增量 40%。运输结构方面，公路运输量减少，铁路运输量增加，春节过后公路货运量同比增长率呈下降趋势，铁路货运量同比增长率呈上升趋势。农业投入结构方面，化肥农药使用量减少，有机肥使用量增加，化肥农药零增长的目标已经提前实现。

2. 空气质量明显改善，"蓝天保卫战"首战告捷

生态环境部数据显示，2017 年 74 个城市空气达标比例明显高于 2013 年，尤其是进入秋冬供暖季节后，2017 年空气达标比例稳定在 70% 以上，远高于 2013 年同季节 50% 的达标比例，反映出我国空气质量明显改善。从地域看，近年来备受雾霾困扰的京津

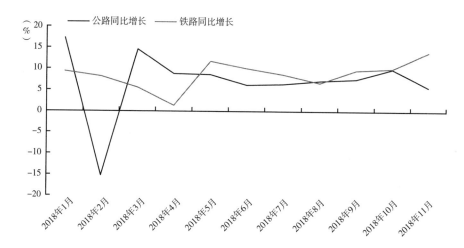

图 65 2018 年 1～11 月公路、铁路货运量的同比增长率

冀地区 2017 年空气质量也显著好转。北京市空气质量达标天数显
著增加，由 2013 年达标天数 176 天增至 2017 年的 226 天，增加
了 50 天。其中，1 级优天数从 2013 年的 41 天增加到 2017 年的
66 天。

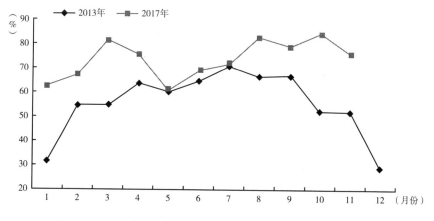

图 66 2013 年和 2017 年 74 个城市空气质量达标比例

3. 水体质量逐年向好，水污染防治取得明显成效

生态环境部发布的年度《中国环境状况公报》显示，2014～

2016年我国主要河流、湖泊的地表水断面中，Ⅰ～Ⅲ类水质所占比例稳步提升，Ⅳ～Ⅴ类和劣Ⅴ类水质所占比例均有所下降①。另据中国环境监测总站《全国主要流域重点断面水质自动监测周报》数据，2017年第53周全国主要水系148个水质自动监测断面中，Ⅰ～Ⅲ类水质断面占87.7%，Ⅳ～Ⅴ类占7.4%，劣Ⅴ类占4.9%，反映近年来我国地表水质呈现逐年向好的趋势。

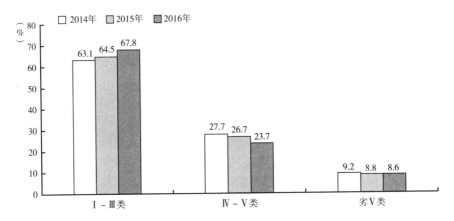

图67　2014～2016年全国地表水水质类别比例

4. 土壤污染防治稳步推进，"舌尖上的安全"将更有保障

相对大气和水污染，土壤污染防治任务更为艰巨。目前，土壤污染防治工作主要集中在以下三点：一是"土十条"规定的土壤污染防治有关法律法规制定和土壤污染状况详查两项基础性工作正在开展，并取得明显进展；二是农用地分类管理和建设用地准入管理两项重点工作处于积极推进中；三是"土十条"提及的试点示范顺利进

① 按照《地表水环境质量标准》（GB3838-2002），Ⅰ、Ⅱ类水质可用于饮用水源一级保护区、珍稀水生生物栖息地、鱼虾类产卵场、仔稚幼鱼的索饵场等；Ⅲ类水质可用于饮用水源二级保护区、鱼虾类越冬场、洄游通道、水产养殖区、游泳区；Ⅳ类水质可用于一般工业用水和人体非直接接触的娱乐用水；Ⅴ类水质可用于农业用水及一般景观用水；劣Ⅴ类水质除调节局部气候外，几乎无使用功能。

行，后续将加大工作力度，全力保障百姓"米袋子""菜篮子""水缸子"安全。

（三）民众满意度稳步提升

数据显示，2013～2017 年舆论对污染防治相关工作的满意度稳步提升，从 2013 年的 63.43 升至 2017 年的 69.31，民众对环境质量改善有了切身体会，获得感明显增强。2016 年以来污染防治相关政策举措频出，污染防治工作迈入攻坚阶段，实实在在地引发民众点赞。从具体政策举措来看，新版《进口废物管理目录》出台受到舆论较高评价，满意度高达 99.71。2017 年版在 2015 年版基础上做了部分调整，新增多类禁止进口固体废物，其中，废塑料瓶进入"禁入之列"，舆论认为该政策提升了中国废塑料回收体系的建设速度，使废塑料瓶的回收不再仅仅依靠拾荒者和废品回收者，消费者的责任、能力将被进一步关注。此外，2018 年即将实施的新举措也受到网民高度关注和期待，网民称赞河长湖长负责制"是解决我国复杂水问题、维护河湖健康生命的有效举措，是完善水治理体系、保障国家水安全的制度创新"；也有舆论表示环境保护税的开征必将促使污染企业采用更清洁高效的技术实施生产，并将使产品更有竞争优势。

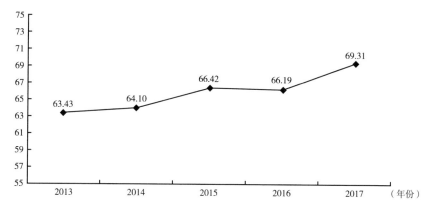

图 68 2013～2017 年舆论对污染防治相关工作的满意度

表7　2016年以来污染防治重点政策举措舆论满意度

序号	相关政策举措	时间	满意度
1	《大气污染防治法》生效	2016年1月	68.18
2	《水污染防治法(修订草案)》发布	2016年6月	75.33
3	《环境保护税法》通过	2016年12月	95.74
4	《关于实施工业污染源全面达标排放计划的通知》印发	2016年12月	73.70
5	月度例行宏观数据发布会上提出考核官员时,关于环境、能源资源的权重首次远超GDP	2017年1月	98.65
6	《钢铁行业化解过剩产能实现脱困发展》出台	2017年2月	65.42
7	政府工作报告提出坚决打好蓝天保卫战	2017年3月	83.34
8	《京津冀及周边地区2017年大气污染防治工作方案》印发	2017年3月	94.69
9	钢铁工业排污许可证申请与核发技术规范正式稿发布	2017年7月	99.53
10	《禁止洋垃圾入境推进固体废物进口管理制度改革实施方案》印发	2017年7月	99.33
11	新版《进口废物管理目录》出台	2017年8月	99.71
12	十九大报告提出,坚持全民共治、源头防治,持续实施大气污染防治行动,打赢蓝天保卫战	2017年10月	96.32
13	《重点流域水污染防治规划(2016~2020年)》印发	2017年10月	95.49
14	2016年各省份绿色发展指数发布	2017年12月	95.31

二　四类现象遭"吐槽",折射三大问题

(一)舆论吐槽的四类现象

环保治理在取得突出成效的同时,也有舆论集中反映"一刀切""运动式""不买账""不均衡"四类问题。

1.44.73%的舆论质疑"一刀切"治理方式

中央环保督察、秋冬季大气污染综合治理等工作开展以来,大气质量明显改善,群众的"心肺之患"得到有效缓解,但在一些具体

工作的执行上，存在"一刀切"式的治理倾向，给群众生活造成诸多不便。2017 年有两项行动引起舆论较大范围负面情绪。一是，华北多地区在煤改气（电）工程未改造完成或气源未到位的情况下强行禁煤，甚至划出了"禁煤区"，导致孩子"跑步取暖"、供暖"爽约"等民生问题频发，引发舆论广泛关注。二是，环保严查"保卫蓝天行动"在部分地方演变为"环保风暴"，"一刀切"式整治致工厂大面积停产，甚至不少无污染的企业、早餐小店等也被关停。有网民表示"一刀砍下去会导致多少工厂关门，殃及多少下游企业关门，会出现多少下岗工人"。部分地方化工业内人士反映，不加区别地执行同等管控措施，造成好的、差的企业都遭殃，难以起到优胜劣汰的作用。

2. 32.33% 的舆论担忧"运动式"治污难以持续

随着环境整治日益成为重要政绩考核指标，部分地方"运动式"环保管控现象也频频发生，如部分地区大气污染防治攻坚"全力冲刺 30 天"，钢铁企业采取"限产—空气转好—复产—再污染—再限产"的"死循环"等。网民表示，"运动式"治污片面地处理发展与环保的关系，污染治理难以持续，根源问题无法解决，各地仍存在不少违法生产的"散乱污"企业。有专家评论称，"运动式"治污换来的天蓝水清"保质期"很短，即便能换取一张漂亮的环保成绩单也是暂时的，可以应付检查却赢不了民心，"按下葫芦浮起瓢"，并没有从根本上解决问题。

3. 15.17% 的舆论对以总量考核治理成效"不买账"

这主要表现为民众实际感知与总量考核数据不匹配，虽然环保部近几年公布的一系列总量减排数据显示污染物总量控制都已完成，但与老百姓的实际感受存在较大偏差，造成政府公信力下降。以大气污染防治为例，环保部数据显示，2013 ~ 2016 年，全国 74 个重点城市平均达标天数比例分别为 60.5%、66.0%、71.2%、

74.2%，与之相对的舆论对空气质量满意度却基本维持稳定，增幅甚微。

4. 7.78%的舆论反映污染防治投入"不均衡"

一是领域投入不均衡。一直以来，水和大气治理是环境治理的重点领域，新建和扩建项目的水、大气污染防治资金在环境污染治理投资中所占的比例一直维持在50%以上。2016年，中央共投入340亿元用于环境保护行业的发展，其中水污染投资占比最大，为41.18%，大气污染治理投资占比为32.65%，土壤污染治理投资占比相对较少，为20.22%，而固体废物治理、重金属污染防治等其他领域的投资则更少，占比仅为5.96%。二是地区投入不均衡，各地污染防治投入力度相差甚远，如2016年北京市级大气污染治理投入达165.6亿元，而邻近大气污染防治重点省份投入却相去甚远，空气的自由流动属性将使高投入地区治污效果大打折扣。三是城乡投入不均衡。网民认为，污染防治工作也同样存在重城市轻农村、重工业轻农业的不均衡现象，农村环境基础设施均等化水平较低，尤其是在生活污水和垃圾处理等领域的公共财政资金投入与城镇相比相差悬殊，由此对城镇污染治理也将产生不利影响。

（三）根源在于三大问题

1. 经济结构调整尚未到位

污染防治本质上是一个"经济"问题，是倒逼经济发展实现结构转型的重要手段。虽然我国产业结构、能源结构、运输结构近年来有所改善，但各方面调整仍存在难点。

一是产业结构调整存"痛点"。随着污染防治及去产能工作不断深入，多数地区发展面临着产业结构调整带来的"阵痛"，统筹规划不合理，接续产业培育未跟上，企业职工权益得不到保障仍是当前"阵痛期"难以过渡的根源性问题，成为污染防治工作进一步推进的一大障碍。

二是能源结构调整存"盲点"。2017 年底的"煤改气"事件反映出我国长期依赖煤炭消费、天然气资源匮乏的现实问题，后续进一步推广清洁能源、加大非化石能源利用强度成为我国大气污染防治的一大命题。

三是运输结构调整存"堵点"。引导货运从公路走向铁路，减小重型柴油货车的使用强度，是做好大气污染防治工作的重要方面，而铁路降价动力不足，运输服务透明化程度低，运输时间长，行政干预价格难治本等问题仍是当前结构调整的堵点。

2. 治理方式仍不完善

一是政府主导过多。环保督查"一刀切"等问题的出现，反映了基层政府在政策落实的过程中，政府主导的"行政命令式"行动过多，"唯上不唯下"，忽略民众的感受。政府主导过多强化了地方各级政府干预经济的权力，部分存在政绩观错位的部门更难以在执法过程中准确把握尺度，曲解政策本来的意义，出现"错位"、"越位"和"不到位"等现象。

二是社会参与不够。企业参与环保治理的热情不高，存在"打游击"现象，执法部门检查时关门停产，执法部门走了则照常生产；民众虽然在网络世界中激扬文字、点评实事意愿强烈，但真正参与环境治理的行动仍然偏少，多数情况下"事不关己，高高挂起"。

3. 政策体系不够健全

一是政策不协同。如气象局被要求"暂停霾预报预警"事件中，不少网民对于环保、气象两部门现在才"进一步厘清职责划分"表示不满，纷纷吐槽"事后诸葛亮""这种监管部门之间不协调的情况比比皆是"等。华北工业污水渗坑事件中，多数舆论指责监管部门失职，追问"这么大规模的污水渗坑，为什么现在才被发现"。长江中下游地区"跨省倒垃圾"事件中，网民批评相关省份"异地异心"、各自为政的治污方式。这一系列事件均暴露了当前各监管部门之间、各地政府之间均存在的政策不协同问题。

二是执行不到位。如舆论反映的一些环保督查和执法没有严格执行国家环保标准，对环保达标的企业没有支持鼓励，对环保不达标企业也没有完全体现应有的惩戒力度，部分地方甚至仍存在政府与污染企业之间利益挂钩难打破，对污染问题视而不见的顽疾。"不缺技术缺良心，不缺标准缺执行，不缺口号缺机制"的弊病有待根治。这些问题反映部分政府及环保部门贯彻落实上级决策部署不到位，存在执行政策不坚决，主动作为不够，执法力度不严等问题。

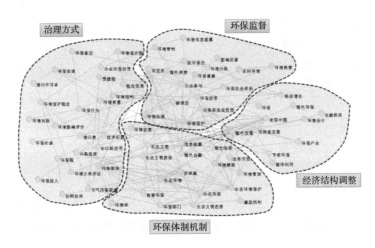

图 69　1000 余篇文献中对环保建议的热点地图

三　对策建议

（一）完善环境治理体制机制

加强跨领域统筹，制定大气、水体、土壤协同治理的综合工作方案，形成集中统一的生态环境保护体系；促进跨区域协调，形成联防共治机制；打破地域分隔，加强信息共享，打造"异地不异心"的紧密协同和打击机制；完善跨部门合作，构建跨部门的生态考核制度，不断健全和完善生态保护配套制度体系，不断完善生态补偿制度。

（二）创新治理方式

优化生态环境治理方式，对各类企业分类指导，合理界定污染严重、影响恶劣"散乱污"企业，明确整改标准及时限；强化企业环境保护责任，提高企业环境污染违法成本，同时提高重污染企业入市门槛，由末端治理向源头治理转变。加强环保执法公平公正，对不同所有制企业一视同仁，不搞"一刀切"。

（三）加强环保监督制度建设

政府要继续主导强化环保督察以及"回头看"工作，夯实责任，强化担当，创新方法，不断加强环保督察的效力，促进环境治理攻坚的有力推进；同时发挥民众监督作用，加大生态环境污染源监管信息公开力度，调动社会力量共同监督，形成强大的攻坚合力。

（四）加快经济结构调整

加快优化产业结构，淘汰高污染、落后产能，并培育壮大新一代信息技术、新能源开发等战略性产业。稳妥改善能源供给结构，合理有序推进"煤改气""煤改电"等工程，降低新能源成本，提高能源系统整体运行效率。继续优化货运结构，稳步推进"公转铁""公转水"，推进集装箱海铁联运，完善铁路运输服务，加快提高铁路运输比例。

第七章
基于大数据的营商环境监管

第一节　监管背景

营商环境是指商事主体从事商事组织或经营行为的各种境况和条件，包括影响商事主体行为的政治要素、经济要素、文化要素等，是一个国家或地区有效开展交流、合作以及参与竞争的依托，体现了该国或地区的经济软实力[①]。

近年来，党中央、国务院高度重视营商环境建设，扎实推进"放管服"改革，积极扩大对外开放，我国总体营商环境持续优化。尤其是在 2018 年 11 月 1 日的中央民营企业座谈会上，习近平总书记再次重申党和国家坚持"非公有制经济"的两个"毫不动摇"和三个"没有变"，让民营企业家们备受鼓舞，央行、银保监会、工信部、全国工商联等相关部门及福建、浙江、江苏、广东等多个省份积极响应并出台政策，由此推动互联网关于民营企业、民营经济的积极情绪占比继续走高。2019 年 3 月，李克强总理在政府工作报告中先后 5 次提到"营商环境"一词，强调要"打造法治化、国际化、便利化的营商环境，让各类市场主体更加活跃""下硬功夫打造好发展软环境""让企业家安心搞经营、放心办企业"，引来网民

[①]　董彪、李仁玉：《我国法治化国际化营商环境建设研究——基于〈营商环境报告〉的分析》，《商业经济研究》2016 年第 13 期。

刷屏点赞，不断催生舆论对相关话题的深入讨论。但同时也应看到，我国营商环境在保证相关改革措施切实落地等方面仍有进一步优化的空间。

　　基于大数据开展针对营商环境的监管关键在于获取有效的评价数据，能够让营商主体在尽量少受外界干扰的前提下，反馈对营商的真实评价。难点在于营商环境情况是一种偏向于主观判断的评价，不同地区甚至同一地区不同营商主体对当地营商环境的评价都可能存在差异甚至较大差别，因此必须选取相对客观的评价标准和反馈渠道，从而反映真实问题，为决策者提供参考支撑。本章主要介绍基于大数据的营商环境监管，分别介绍监管背景、主要数据来源、分析思路，并阐述分析结论及对策。

第二节　主要数据源

　　本研究数据源包括四方面：一是自 2013 年 1 月 1 日至 2017 年 12 月 20 日国内外主要新闻媒体、论坛、微博、博客等渠道中与营商环境直接相关数据约 647 万条；二是 2013 年 1 月 1 日至 2017 年 12 月 20 日国内外资本注册企业数据；三是有关营商环境主题的国际国内分析报告；四是国家统计局公布的最新经济数据。

第三节　分析思路

一　利用舆情分析舆论对于营商环境改善的满意程度

　　基于国内外舆情数据，分析公众在提及"营商环境"时所用的词语、态度的感情色彩，并分析其积极情绪占比的总体走势，来判断近年国内和国外媒体对中国营商环境的评价及态度。

二 利用国际有关研究报告数据横向对比我国营商环境改善情况

通过抓取、分析世界银行发布的《营商环境报告》、瑞士洛桑管理学院（IMD）发布的《世界竞争力报告》等国际权威报告中关于中国的营商环境全球排名的位次，判断近年来中国营商环境改善的国际横向比较成果。

三 利用国内各级政府出台的相关政策情况分析其对改善营商环境的重视程度

通过大数据技术抓取中央、省级（含副省级城市）、地市级政府发布的关于改善营商环境的指导意见、行动计划、工作方案，根据数量、类型、主要内容等要素，分析各地政府对相关工作的重视程度和推进情况。

第四节 分析结论

一 营商政策环境实现"升级换代"

（一）全力推进"瘦身减负"，持续释放企业活力

1. 简政放权"一推再推"

2013 年以来，国务院先后发布国发〔2013〕19 号、国发〔2013〕27 号等系列文件，分 10 批取消和下放国务院部门行政审批事项。行政审批事项总量由 2013 年初的 1526 项逐年下降至 2017 年的 632 项，并在 2015 年初，提前完成本届政府承诺减少 1/3 的目标。

2. 减税降负"一减再减"

2016 年 5 月 1 日起，中国全面推行营业税改征增值税试点，增

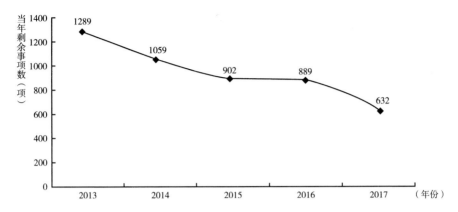

图70　2013年以来当年剩余的国务院部门行政审批事项数量

注：图中 2013 ~ 2016 年的数据由 2013 年初的 1526 项减去当年累计取消和下放的行政审批事项数量得出；当年取消和下放的行政审批事项数量根据当年发布的文件梳理得出；2017 年的数据为在此基础上扣除由人事部提请的、人大修法直接取消的，以及取消非行政许可事项时有的转成内部审批或者其他权力的，再加上近五年法律法规新增的行政审批事项 4 项，得出当前剩余总数为 632 项。

值税实现对国民经济三次产业全面覆盖。2018 年 4 月，国务院常务会议又公布了 6 项减税举措，预计 2017 年将减轻各类市场主体税负 3800 多亿元。在减税的同时，涉企收费乱象也不断得到遏制。2013 年以来，国务院及各部委陆续发布《国务院办公厅关于清理规范国务院部门行政审批中介服务的通知》《关于清理规范一批行政事业性收费有关政策的通知》等文件共 96 份，全方位清理规范涉企收费，降低企业成本。据不完全统计，2013 年以来，中央设立的行政事业性收费由 185 项减少至 51 项，减幅达 72%，其中涉企收费由 106 项减少到 33 项，减幅为 69%；政府性基金由 30 项减少到 21 项，减幅为 30%。

（二）不断加强各方服务支撑，全面营造企业便利环境

据统计，2013 年以来，国务院发布的改善企业营商环境相关文件数量逐年上升，累计已下发《国务院关于促进市场公平竞争维护市场正常秩序的若干意见》《国务院关于创新重点领域投融资机制鼓励社会投资的指导意见》《国务院关于建立完善守信联合激励和失信

联合惩戒制度加快推进社会诚信建设的指导意见》等74份文件，从市场环境、商事制度、投融资体制、社会信用环境等各个方面为国内外企业创造便利。

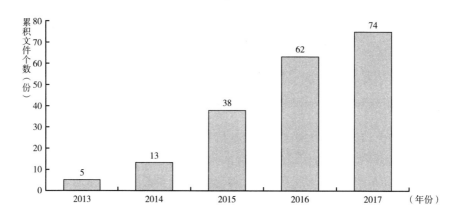

图71 2013年以来国务院发布的改善企业营商环境相关文件

（三）外商投资政策"推陈出新"，拓展利用外资新领域

外商投资政策"推陈出新"，拓展利用外资新领域。2013年以来，国务院及国家发展改革委、商务部、财政部、国家税务总局等部委出台的相关政策措施，2017年累计达43份。2017年国务院还相继发布了《关于扩大对外开放积极利用外资若干措施的通知》和《关于促进外资增长若干措施的通知》，新修订了《外商投资产业指导目录（2017年修订）》和自由贸易试验区外商投资准入负面清单，进一步拓展了利用外资的领域和边界，外商投资积极性得到更进一步释放。

二 营商环境总体改善成效明显

2018年，党和国家领导人多次提出"进一步优化营商环境"，并部署加大优化营商环境工作力度，明确回应市场主体的关切呼声，网民对"营商环境"的满意度呈明显上升趋势。

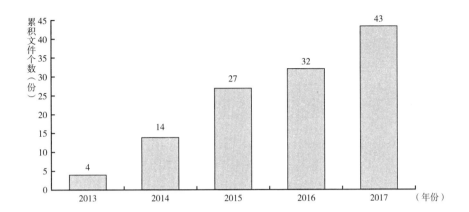

图 72　2013 年以来国务院及各部委发布的促进外商投资相关文件

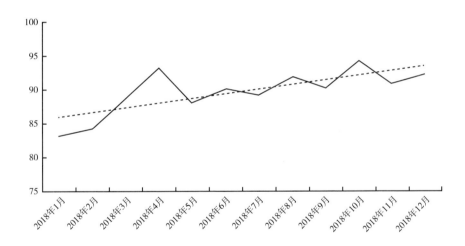

图 73　2018 年网民对营商环境满意度

1. 相关国际机构对中国营商环境的改善纷纷表示认同

在此前持续努力的基础上，2018 年我国营商环境在各大主流排名榜中继续保持稳步提升态势：一是在世界银行发布的《营商环境报告》中，2018 年我国排名跃升至第 46 位，提升 32 名；二是瑞士洛桑管理学院（IMD）发布的《世界竞争力报告》显示，在全球最具竞争力的 63 个经济体中，2018 年中国竞争力从 2017 年第 25 名跃升至第 13 名；三是世界经济论坛发布的《2018 全球竞争力报告》显示，在主要新兴经济体中，中国竞争力最突出，在全球竞争力指数中排名第 28，较上年提升 1 名。《日本经济新闻》、英国《经济学人》等外媒也发文肯定中国正在成为营商环境新高地，认为"中国政府推进的改革措施已取得成效，商事制度和多证合一改革点燃了全社会的创业热情"。

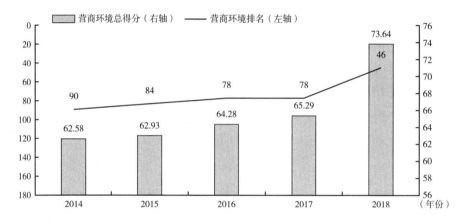

图 74　2014～2018 年世界银行《营商环境报告》中国得分及排名

2. 企业开办流程进一步优化，纳税时间大幅缩短

世界银行称，中国在"开办企业"指标方面表现亮眼，由于我国简化企业注册流程等改革，2018 年开办企业所需平均手续项数已从上一年评估时的 7 项减少到 4 项，所需平均时间也从 22.9 天缩短为 8.6 天，总得分 93.52 分，"开办企业"指标在参评国家中排名第 28。同时，我国纳税时间也大幅缩短，由于中国税务机关正通过"互联网 + 税务"、"便民办税春风行动"、金税三期系统等系列创新措施，纳税程序和制度进一步规范，2018 年 11 月，世界银行与普华永道全球在北京联合发布的最新《2019 年世界纳

税报告》显示，2017 年中国的纳税时间为 142 小时，纳税整体排名在参与测评的全球 190 个经济体中排第 114 位，较上年提升了 16 名。

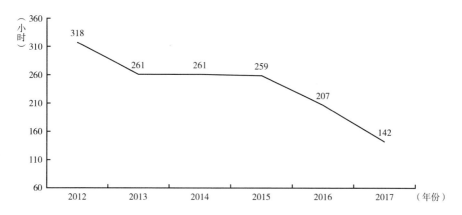

图 75　2012～2017 年中国在《世界纳税报告》
中"纳税时间"变化情况

3. 三是物流基础设施和国际货运条件进步较快，信息通信等科技创新与普及应用表现突出

世界银行发布的《物流绩效指数》[①]（LPI）显示，2018 年中国 LPI 评分为 3.61 分，排名第 26，属于高绩效国家，表明我国物流系统整体发展较快，发展趋势良好，且在货运服务、基础设施质量等方面改善成效相对明显。截至 2019 年 5 月，世界经济论坛与全球贸易便利化联盟公布的最新版《全球贸易促进报告》[②] 显示，在"贸易促进指数"测评结果中，2014～2016 年中国的运输基础设施的可用性

①　世界银行根据海关绩效、基础设施质量、货运及时性等若干贸易指标对 160 个国家进行排名，发布《物流绩效指数》（英文简称 LPI）报告，每两年一期，LPI 是经济增长和国家竞争力的标志性指数。
②　世界经济论坛与全球贸易便利化联盟每两年发布《全球贸易促进报告》，此份报告通过"贸易促进指数"（Enabling Trade Index），对全球 136 个经济体在市场准入、边境管理、交通与数字化基础设施、运输服务及商业运营环境等方面表现进行评估。

和质量方面保持在全球第 12～13 名，尤其是航空和港口的联通发展水平尤为突出。

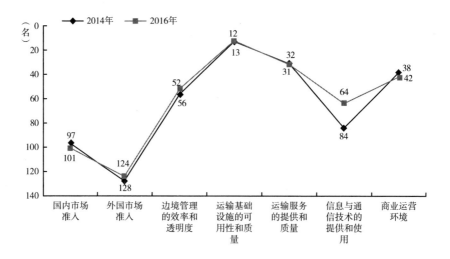

图 76　2014～2016 年中国"贸易促进指数"分指标排名变化情况

三　我国营商环境改善受到国内外舆论积极评价

（一）各地提升便利化政策举措最受舆论关注

近年来，各地区、各部门坚持问题导向和需求导向，持续深化简政放权、放管结合，优化服务改革，降低制度性交易成本，着力打造国际一流、公平竞争的营商环境，取得了积极的成果。其中一些典型的做法受到舆论的高度关注，主要是做"减法""加法"。"减法"就是简政放权，为企业减税降费，放宽市场准入，通过行政审批制度改革为企业松绑；"加法"就是"互联网 + 政务服务"，提高公共服务便利程度，如通过"最多跑一次"使企业的交易成本持续下降。总体来看，各地优化营商环境举措基本都聚焦于推进便利化的政策，而法治化、国际化领域相对不足，打造高标准的制度和规则应成为新时期改善营商环境的新着力点。

其中，舆论对"便利企业开办和经营"的关注度最高，为99.84。分地域来看，北京、上海、天津、山东、浙江等地改革举措最受关注。如北京创新推出"'零成本'办企业""一区一照"等措施，企业开办的必备流程环节精简至4个，企业开办时间压缩至5天。上海上线开办企业"一窗通"服务平台，实现前台一次受理、后台自动分送，开办企业的时间从原来的22天减少为最快6天内办完。天津推出国家首批新标电子营业执照，率先在中国（天津）自由贸易试验区东疆港片区实现了企业办照零见面。此外，各级政府围绕提升贸易便利化、加大市场监管执法力度、进一步放宽市场准入等方面加大力度，精简事项，简化流程，降低费用，进一步激发市场活力和社会创造力，也吸引了较多网民关注。

表8 关注度最高的十大优化营商环境措施

序号	措施	关注度
1	便利企业开办和经营	99.84
2	深化"互联网＋政务服务"	94.76
3	提升贸易便利化水平	94.28
4	加大市场监管执法力度	91.85
5	促进外商投资	89.79
6	降低企业生产经营成本	83.41
7	改革投资审批制度	80.02
8	坚决纠正"一刀切"式执法	74.66
9	加强诚信政府建设	70.76
10	大力保护产权	68.28

（二）企业家和网民群体对我国营商环境评价水平较高

从国内情况看，近年来舆论对我国营商环境的满意度整体呈上升趋势，满意度从2013年的89.93提升至2017年的92.38，企业家和网民群体对营商环境的评价分别达到94.77和88.36。具体来看，企业家群体的观点主要有三个。

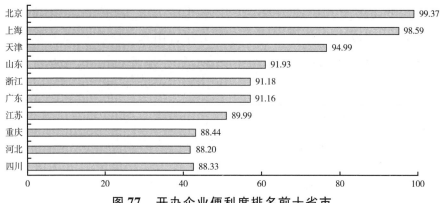

图 77　开办企业便利度排名前十省市

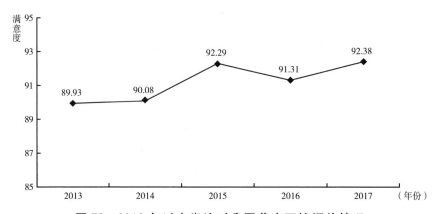

图 78　2013 年以来舆论对我国营商环境评价情况

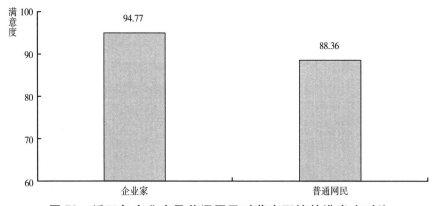

图 79　近五年企业家及普通网民对营商环境的满意度对比

一是认为"放管服"改革明显优化了各地营商环境，企业办事成本显著降低。随着"放管服"改革不断深化，企业制度性交易成本显著下降，商事制度改革也取得明显成效，受到企业家肯定。有企业家表示，"以往企业办理迁移比'登天'还难，立项审批来回要一个多月。现在招商环境改变很大，容许'先上车后补票'，很快能办结。办事透明化、规范化、去人情化，这就是变化"。

二是感受到新型政商关系正在逐步形成，令人期待。多数企业家表示，五年来，随着营商环境的不断优化，政府和企业的关系也越来越融洽，政府不仅帮助支持企业，在态度上也更加主动、亲民，发自内心地对待企业，"亲""清"新型政商关系正在逐步形成。部分民营企业家表示，从日常的经营管理活动中，能够切身感受到新型政商关系正在逐步形成。

三是称赞政府增强创新型服务，对企业帮扶诚意满满。有企业家表示，各地政府在帮扶企业发展、推进项目落地上都展现出较大诚意，同时能够以更加专业化、科学化的方式方法助推发展。如有地方成立了台商协会"马上办中心"，为台商提供周到、及时、有"人情味"的服务；有地方则借助京津冀协同发展等国家重大战略，创新产业转型发展，科学选择企业落地。

2019 年初，中国贸促会研究院发布的《2018 年度中国营商环境研究报告》显示，近九成企业对营商环境感到"满意"或"较满意"，与 2016 年调查相比提升了 16 个百分点。企业在市场开放水平、政策政务环境、贸易便利化、社会信用环境建设、知识产权保护、基础设施建设、社会治安等 7 方面的获得感明显。两会期间，许多来自实业界的代表、委员也纷纷称赞优化营商环境工作取得的成效，认为在金融信贷、对外贸易、稳定就业、减税降费等方面，每月都有利好政策出台，让实体经济健康发展有了更大空间。

（三）外媒对中国营商环境积极评价呈上升趋势，认为中国将成全球投资的"避风港"

从近年外媒对中国营商环境的态度看，积极情绪占比总体保持上升态势，主要表现在三个方面。

1. 对中国持续扩大开放表示赞许

美国《时代》周刊 2016 年底刊登题为《中国是开放的全球新领军者》文章称，中国是"经济开放的捍卫者"。英国《金融时报》认为，在全球性经济危机的大背景下，中国将会继续执行渐进式的对外开放政策，以进一步推动中国市场经济的成熟和多元化。

2. 看好中国投资环境

中国也将继续成为拉动全球经济增长的中坚力量。盖洛普国际 2017 年 8 月民调显示，中国是全世界最受欢迎的投资目的国之一。美国彭博社称，鉴于美国、欧洲和其他发展中国家所面临的复杂经济环境风险，中国对投资者来说"可能是避风港"，新兴市场货币会变得更强，人民币国际化终于迈上辉煌的征途。毕马威报告显示，中国在 2017 年第三季度吸引了 102 亿美元投资，占全球总额的 25.89%，在本季度全球风投融资前 10 强中，中国内地占据一半。

3. 认为中国营商环境正在切实改善

英国《金融时报》认为，放开利率管制和实现人民币完全可兑换已是中国政府声明的政策目标。美国《财富》杂志发文表示，中国政府在解决企业贷款以及破产倒闭等问题上已经取得进步。《日本经济新闻》、英国《经济学人》等外媒均发文肯定中国正在成为营商环境新高地，"中国政府推进的改革措施已取得成效，商事制度和多证合一改革点燃全社会的创业热情"，"简政放权的改革受到普遍欢迎，直接带动了中国经济增长与就业"。

图 80　外媒对中国营商环境的评价热词词云图

四　舆论反映目前我国营商环境存在的主要问题

（一）"放管服"改革仍有进一步推进空间

舆论反映，尽管"放管服"改革已取得显著成效，但在一些地方推进中仍存在"肠梗阻"、"变模样"、政策协调性与稳定性不足等问题。

1. 政府部门之间协调不够

部分企业反映，企业境外并购所需外汇的审批涉及多个部门，一般周期至少需要 2 个月，而发达国家企业要求的付款周期一般是 2 周。

2. 新旧政策过渡期设计不合理

部分婴幼儿食品企业表示，婴幼儿奶粉由备案制改为注册制，虽然设置了 1 年过渡期，但企业从申请注册新产品配方到获得批准所需的时间并不确定，加上新产品生产一般需要 9~12 个月，可能导致企业无法按期调整生产。

3. 地方政策稳定性不够

根据中国贸促会问卷调查，"政策不够稳定"成为企业目前经营遇到的主要问题之一。另据《经济日报》调查，尽管随着"放管服"改革不断深化，企业制度性交易成本显著下降，但目前在甘肃、辽宁等地，"办事拖沓""招商承诺难以兑现"等影响投资环境的"顽疾"依然不同程度存在。

4. 政策执行精细化程度不够

一些部门在执行政策时未区分不同情况，采取"一刀切"做法，伤害了企业利益。部分化工类企业称，天津滨海新区爆炸后，所有危险化学品运输、仓库单位的延期许可证一律停发，使部分守法合规企业的正常运营受到影响。

（二）减税降费相关配套政策细则不完善

1. 增值税抵扣规则过于复杂

部分企业反映，"营改增"之后企业财务部门遇到的问题增多，要花大量人力时间和精力去审核进项发票和销项发票。特别对于一些中小企业来说，由于缺乏专业人才，难以掌握和处理增值税复杂的抵扣规则。

2. 出口退税周期太长

部分企业反映，贸易便利化措施实施后，企业办事更便利，但退税周期过长问题仍未完全解决，从提交出口退税申请材料到收到款项，需 2~3 个月。

3. 部分涉企收费细则不明晰

部分外贸企业表示，国家实施促进外贸回稳向好的政策后，商检海关收费标准明显降低，但由于收费清单不透明，费用减免优惠实际上被第三方代理机构侵占，外贸企业并未从中真正受益。

（三）外资企业反映地方保护、行业壁垒等现象依然突出

1. 利用外资政策在执行中存在"走样"

部分外资企业反映，在允许外资进入的行业依然存在很多限制。如，外资建筑企业可实施的工程承包范围目前仅限于外资不低于50%的中外联合建设项目；外资在汽车产业中的持股比重不得超过50%；外资种子企业只能以参股中外合资企业的方式运营，且该类企业外资持股比例不得超过50%。还有外资企业表示，虽然政策提出"支持内外资企业、科研机构开展研发合作"，但在申报国家和地方政府创新科技项目时往往遇到各种限制，目前还没有外商独资企业成功申请国家级、省级研发课题的先例。

2. 利用外资新政策的配套实施细则迟迟没有出台

部分外资企业表示，2017年1月国务院印发《关于扩大对外开放积极利用外资若干措施的通知》（国发〔2017〕5号），放宽了一些行业准入限制，但主管部门相关配套实施细则迄今未出台。

3. 不同政策法规间存在冲突

例如，转基因品种选育在《外商投资产业指导目录》中属于禁止类，但在《市场准入负面清单草案（试点版)》中被归入限制准入类，企业无法判断以哪个文件为准。

（四）部分地区反映政商环境、政府信用改善不能令人满意

1. 新型政商关系有待加强

部分官员将"清"的要求理解为与企业不来往、不接触，对于没有具体标准的"亲"则选择无视，因此，懈怠懒政、消极应付、不求有功但求无过等现象有普遍蔓延化趋势，项目推进积极性明显降低。

2. 政府信用有待提高

新官不理旧账，政府朝令夕改，政策没有连续性等问题仍然存在。如对于政府和企业因为引资条件没有兑现的撤资案件，虽然案件

事实本身很清楚，但是也必须经过二审终审程序后，政府才会退资，无端增加了事情处理周期，给企业资金周转带来很多问题。

3. 民营企业生长土壤缺乏

由于东北地区市场化程度偏低，国有企业比重偏大，体制机制僵化，民营企业在市场准入等多方面受到诸多限制，导致企业和人才"出逃"现象明显。

五 对策建议

舆论认为，优化营商环境，中国成效有目共睹，但差距同样不容忽视。尤其在当前全球竞争加剧的大背景下，应进一步增强"营商环境就是生产力"的紧迫感，切实打造更加便利开放、公平透明的营商环境，给市场以良好预期。

（一）期盼"放管服"改革持续深化，让制度性交易成本"再下台阶"

舆论对于"深化'放管服'改革，让政策公开透明、可预期"的呼声最高，相关关注热度高达 96.09，认为打造更加开放便利的营商环境，关键是要处理好政府与市场的关系，切实有效降低企业的交易成本。

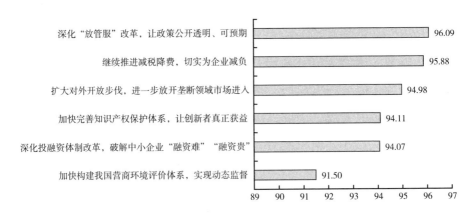

图 81　媒体和网民期待度较高的呼声和建议

1. 进一步深化"放管服"改革

加大简政放权力度，放得更彻底、更到位；积极探索"互联网＋监管"，管得更科学、更高效；真正让数据多跑路，让服务更精准、更贴心。切实用企业办事流程上的"减法"，换回更多市场活力的"加法"。

2. 保证相关政策的透明、稳定

进一步运用好负面清单管理模式，建立透明的政务公开体系。同时，要防止部分地方政策前后矛盾，或文件下发后，不断推迟执行导致企业预期心理不稳定。

（二）期盼减税降费力度进一步加大，让各类企业有更多"获得感"

目前，部分企业的实际感受与国家减税降费政策的目标、预期还有一定差距。叠加当前经济下行压力加大，企业经营压力较大，以及美国税改可能产生的负面影响等，当前进一步加大减税降费力度很有必要。舆论期待，在推动减税降费相关政策切实落地的同时，做到以下几点。

1. 继续推出减税组合"红包"

进一步减少增值税分档并降低增值税率，或以降低企业所得税率和消费税率的方式减税，并尽快实现高技术引进人才个人所得税征收与国际接轨。同时，逐渐降低间接税比重，增加直接税比重，在税收总量一定的情况下，为企业降税释放空间。

2. 持续和坚决推进"清费""降费"

加快落实国务院对各类乱收费重拳治理的相关部署，重点整治行政审批前置中介服务收费，及行业协会商会收费。强化对收费的法律约束和制度约束，全面推开涉企收费公示制。建立畅通的投诉处理机制，完善乱收费举报、查处和问责机制。

（三）期盼开放之门越开越大，让外商进入更加"有信心"

近两年，部分外媒借高通、IDC等外企受反垄断调查事件等大肆炒作，声称中国反垄断是选择性执法，是在别有用心地对外资进行"打压"，以保护国内相关企业的利益。为此，舆论期待，一是扎实推进国务院《关于扩大对外开放积极利用外资若干措施的通知》的落实，客观认真看待外企反应激烈的问题，提高具体举措的精准性、及时性和可操作性，持续推进我国营商环境的改变和完善。二是加快统一内外资法律法规。此前，中国各个自贸试验区采取变通做法，但对于外资不能一直特事特办，应实施常态化、规律化、法制化的管理，赋予外资国民待遇，加快推进既有法律法规中已难以适应外资深度融入内容的修订。

（四）期盼知识产权保护加快完善，让创新创业者有更多"安全感"

加快完善知识产权保护制度体系，既是激发全社会创新创业热情、实现创新驱动发展的客观需要，也是规范市场秩序、实现公平竞争的现实要求。然而，与社会期待相比，我国知识产权保护现状仍不能令人满意。舆论期盼，一是捋顺、完善知识产权保护法律法规。当前多部法律中都存在涉及知识产权保护的条文，但相互之间缺少呼应，在适用上容易造成一些法律冲突。如进出口贸易等方面的知识产权保护制度应尽快完善。同时，针对不同类型知识产权的属性和特点，寻求有区别的保护方式、保护政策和保护路径。二是加强知识产权保护的联动和维权机制。充分发挥国务院知识产权战略实施工作部际联席会议的统筹协调职能，加强国家、地方层面的知识产权保护联动，加快构建行政执法和司法保护模式，同时推进快速维权机制建设，提供知识产权维权"一站式"服务。

第八章
基于大数据的价格领域事中事后监管

第一节　监管背景

　　价格是指商品与货币相交换时的货币数量，本质上是商品价值的货币表现，是市场经济下资源配置效率的"牛鼻子"。价格监管，是指国家和社会对在市场中形成和运行的市场调节价格，施以一定的监督、管理和调控的活动。党的十八大以来，按照党中央、国务院关于深化价格改革的决策部署，各级政府及其价格主管部门，紧紧围绕处理好政府与市场关系；在重要领域和关键环节改革取得突破性进展，价格形成机制日趋完善，在推动供给侧结构性改革、完善宏观经济调控、促进国民经济高质量发展和提高人民生活水平等方面发挥了重要作用；在重要领域和关键环节取得突破性进展，成效显著。近年来，我国着力完善重点领域和关键环节价格形成机制，坚决放开竞争性领域和环节价格，灵活发挥价格杠杆作用，及时适应、把握、引领经济发展新常态，锐意进取，攻坚克难，取得了一系列突破性进展。目前，我国价格市场化程度已超97%，表明价格改革已取得突破性进展。但也应当注意到，尚未放开的商品和服务价格虽不足3%，却恰恰是价格改革中的"硬骨头"。例如，电力、天然气、交通运输等重点领域价格改革尚未完全到位，医疗服务、养老服务等公用事业和公共服务价格改革正在进行，已经出台的居民用电用水用气阶梯价格制度等措施仍有待健全，节能环保价格政策还需要进一步完善，价格改革已进入攻坚阶段。

同时，目前我国诸多领域的价格信息量激增，市场繁荣程度日益提升，为价格监管工作带来了新的挑战，迫切需要利用大数据技术开展事中事后监管。大数据能够为政府完善价格监管机制提供多项科学准确的数据支持，有助于提升决策的有效性，稳定市场价格秩序。相关部门利用大数据可以加强对商品价格、服务收费等各项信息的收集汇总，建立完善的数据库，有效掌控商品价格波动情况，建立有效的投诉平台，从而全面维护消费者合法权益并为价格领域重大决策提供参考①。

第二节　主要数据源

本研究数据源包括：一是 2013 年 1 月 1 日至 2018 年 3 月 22 日互联网微博、微信、论坛、博客、新闻等各大平台与价格管理和改革直接相关的信息 944 万余条；二是 2017 年国内专家、学者在学术期刊上发表的与价格管理和改革直接相关的学术论文 651 篇；三是全国 12358 价格监管平台价格问题受理数据。

第三节　分析思路

一　利用统计数据和相关舆情数据，反映价格监管和改革的进展与成效

利用国家发展改革委、国家统计局等部委公布的官方价格指数、举报信息等数据，结合第三方研究机构公布的研究报告，以及互联网

---

① 国家发展改革委价监局：《加强和创新成本监审 有力提升价格监管水平》，《中国经贸导刊》2017 年第 18 期。

微博、微信、客户端、论坛等舆情数据，分析价格监管和改革的进展、成效及舆论反响。

二　利用文献数据和相关舆情数据分析专家和公众对价格监管领域的意见和建议

通过分析互联网微博、微信、客户端、论坛等渠道中的公众讨论话题，挖掘舆论对重点领域价格监管及改革的关注热点。同时筛选并聚焦专家学者在价格监管和改革方面发表的学术文章，提炼出相关意见及建议。

第四节　分析结论

一　我国价格改革成效获得社会积极评价

价格是市场经济下资源配置效率的"牛鼻子"，十八大以来，我国着力完善重点领域和关键环节价格形成机制，坚决放开竞争性领域和环节价格，灵活发挥价格杠杆作用，取得了一系列突破性进展，获得社会各界肯定。特别是自 2017 年 10 月 20 日起，国家发展和改革委微信公众号陆续发布了十八大以来价格改革成就专题报告（共 16 篇）之后，价格改革整体满意度进一步提高，由专题报告发布前的 88.07 上升至 90.22。网民认为，党的十八大以来，价格改革工作在推进供给侧结构性改革方面的成效不断显现，主要表现在四方面。

表9　价格改革工作在推进供给侧结构性改革方面成效反响

排名	成效	关注度	满意度
1	"准许成本＋合理收益"为核心的定价制度初步建立	97.88	92.96
2	民生领域"保基本"价格政策框架初步确立	95.50	97.35

排名	成效	关注度	满意度
3	市场决定价格机制基本建立	85.58	88.35
4	价格杠杆促进降成本、调结构成效显著	81.04	81.56

其中，"'准许成本＋合理收益'为核心的定价制度初步建立"最受网民关注，关注度和满意度分别达97.88、92.96。网民表示，该定价制度的建立很好地解决了自然垄断行业和公共服务领域的政府定价问题，不仅可以使监管工作更加科学化、精细化，还可以在很大程度上核减不应计入成本的费用，帮助企业减轻负担，激发市场活力，也预示着我国价格管理基本实现了从直接指定价格水平向建机制、强监管的转变。

"民生领域'保基本'价格政策框架初步确立"的满意度和关注度分别为97.35、95.50。网民认为该政策的确立不仅保障了困难群众的基本生活，而且对居民生活的各个方面均形成了一定的保障，例如，医疗、医保、医药与价格改革的联动机制，很大程度上解决了群众看病难、看病贵等问题。"市场决定价格机制基本建立"作为价格改革的重要成效，减少了政府的自由裁量权，同时可以使政府在价格形成过程中更好发挥保障性、辅助性和引导性作用，更好地促进"大众创业、万众创新"。

二　民众对交通运输价格、电价等领域改革较为满意

分领域看，交通运输价格改革、电价改革、水资源价格改革等的工作成效获得舆论高度关注及认可。

（一）电价改革受到广泛关注和较高评价（关注度92.70，满意度93.97）

从关注量方面来看，2014年9月至2017年9月舆论对电价改革

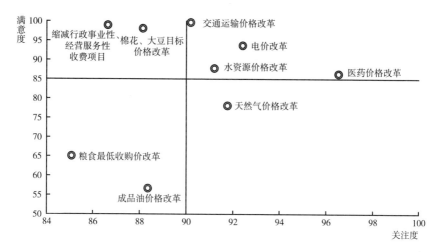

图82 2017年价格改革重点领域工作成效的互联网反响情况

话题关注相对集中。为探索建立独立输配电价体系，促进电力市场化改革，2014年11月国家发展改革委决定在深圳市开展新一轮输配电价改革试点，受到网民强烈关注，关注量达到当年峰值。网民认为，此次输配电价改革试点，标志着我国电力市场改革再次开启实质性步伐，为继续深化电力市场改革释放了积极信号，切实推进了"厂网分开、主辅分离、输配分开、竞价上网"的改革路径，意义巨大。此外，2016年3月，国家发展改革委下发了《关于扩大输配电价改革试点范围有关事项的通知》，扩围输配电价改革试点，新纳12个省级电网，网民对于此轮输配电价改革全面提速同样表示极大关注，关注量为2015年新一轮电力体制改革以来的最高点。

从总体评价来看，83.16%的网民对我国电价改革非常支持，认为此番改革形成了非常有效的倒逼机制。专家指出，输配电价改革填补了我国在垄断行业约束方面的空白，对我国垄断行业定价监管工作进行了积极探索，起到了很好的示范作用。此外，煤电联动、电力直接交易、产能过剩领域用电实行阶梯或差别价格等电价改革措施的实施，直接助力降成本、去产能，有效服务供给侧结构性改革，极大促

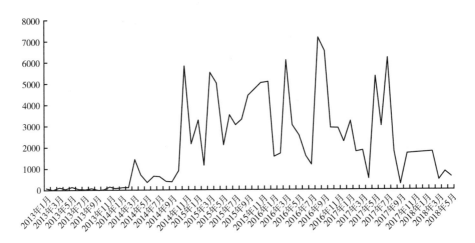

图 83　2013 年 1 月至 2018 年 5 月电价改革话题声量走势

进了节能减排，为充分发挥电价的调节作用积累了丰富经验。同时，
企业经营者也认为电力改革综合施策使企业的用电成本进一步降低，
让企业轻装上阵，有效提高了盈利水平。

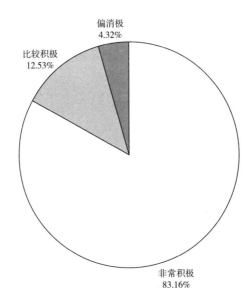

图 84　2013～2017 年网民对电价改革成效的评价情况

（二）交通运输价格改革得到积极肯定（满意度99.83）

近年来，交通运输领域价格改革可谓全面开花，亮点很多，在铁路客货运输价格改革、国内航空运输价格改革、规范港口收费秩序、完善停车收费政策、建设交通运输信用体系等重大领域和关键环节均取得实质性突破，体现了政府价格部门突破思维定式、勇于制度创新的积极态度。有专家指出，这些改革创新以让价格回归市场为核心，设计了能让市场"发声"的合理机制，避免了政府不当干预。既对接了市场需求，提升了企业效益；还有效增强了各方投资交通运输建设的信心。同时，在运输价格改革过程中，信息公开透明度大大提升，避免了民众对定价的质疑，赢得了民众的较高认可。

（三）粮食最低收购价改革工作需要加强

部分网民认为粮食最低收购价改革的"幅度小，进度慢"（满意度为65.52）。现行政策虽然保障了农民种粮收益和国家粮食安全，但也制约了市场价格机制发挥作用。尽管近两年国家开始下调最低收购价，但仍高于市场价，一方面增加了粮食加工企业生产经营压力，另一方面也在一定程度上扭曲了市场供求信息。

三 价格改革细分领域存在的主要问题

通过大数据分析十九大以来全国主要新闻媒体、论坛、微博等渠道中与价格管理和改革相关信息，围绕垄断行业价格改革等七大主题、垄断行业价格市场化等19个细分领域、电力市场交易等35项重点工作这三个维度的价格改革，梳理社会公众意见、建议、感受、预期，发现当前价格领域存在如下主要问题。

（一）在垄断行业价格改革中，成品油价格形成机制等问题反映突出

大数据分析发现，当前垄断行业价格改革主要问题有以下几个。

1. 成品油价格形成机制仍不完善

成品油市场竞争依然不足，价格竞争不充分，垄断行业有操控价格的情况；当国际油价处于低位时，国内油价设置下限有赚取较大差价之嫌；油价的形成以及"地板价"的决策过程透明度不够。

2. 输配电定价改革存在不足

有网民质疑，新增配电网如何定价虽然可以参考已经出台的省级电网输配电价定价办法，但缺乏可操作性。各地经济、地理和电网发展水平差别较大，以"一刀切"的方式确定价格可能出现即使增量配网以最高的效率运营，但电价差仍无法弥补成本的情况。

3. 垄断行业成本信息公开公示受制于法律法规滞后、被监审对象配合不力、成本监审能力不足

现阶段，一些涉及民生的重要行业仍没有监审办法；存在被监审对象人为提高成本，不如实提供定价成本信息等现象；各级价格主管部门多采用报送数据后调查取证形式，过多地依赖经营者报送的数据资料。

4. 天然气价格改革受优势企业一家独大、较高的行政准入门槛、成本差异大影响，推进效果一时并未显现

主要是管道燃气特许经营，容易造成优势企业一家独大，在福建沿海地区，拥有管网渠道和气源优势的企业市场占有率普遍达到80%～100%。在此局面下，放开竞争意义不大。此外，先进入市场的燃气企业拥有早前在国际市场签订的进口长期合约气，价格低廉，竞争优势放大，也不利于推行价格改革。

5. 有舆论认为当前"准许成本＋合理收益"看似合理，但操作起来不行

网民质疑监督人员能力、监审方式、职业操守的声音很多，有的甚至提出"都是体系内人，能审核出真实成本"的问题。另外，成

本监审数据与企业成本数据也存在差异，垄断企业的招待费、会议费、差旅费无法计入生产成本，增加了政策推行难度。

（二）在公用事业和公共服务价格改革中，城市供气价格等问题反映突出

大数据分析发现，当前公用事业和公共服务改革主要问题有以下几个。

1. 公众对城市供气价格改革质疑声较大，关注重点是有关政策出台时机

随着煤改气运动在全国各地展开，用气量大幅增加，加剧了天然气供需矛盾。此时，推出用气竞价拍卖，虽说是走市场化改革的道路，但用气企业和乡村居民的利益严重受损。

2. 供水价格改革在供水行业转型升级、生产成本持续攀升、居民用水费用不能大涨等多重因素制约下推进，相关各方均有不满声音

供水企业认为政府对传统水务企业有着"两高两低"的要求，即水质服务水平高、管理和技术水平高而水价低、成本低；低收入群体对当地水价调整紧绷神经；环保人士又认为当前水价较低，不足以价格杠杆倒逼绿色节能发展。

3. 随着汽车保有量不断增加，机动车停车收费定价逐渐成为老百姓关注焦点

一些三、四线城市乃至县城出台了机动车停车收费指导文件，在这些地区，如何确定符合当地收入水平的收费标准，相关单位能否切实履行起管理运营责任是常见问题。一些机动车停车收费工作起步较早的城市，开始由政府主导价格向市场化过渡，个别地区出现了一些市场化停车场与公众利益不一致的现象。

（三）在生态环保价格机制改革中，阶梯电价、水价未及时完善等问题反映突出

大数据分析发现，当前生态环保价格机制改革主要问题有以下

几个。一方面，阶梯电价、水价对于节约能源、各取所需、按需收费是起到了积极作用，但具体实行过程中要及时完善，否则容易给困难群众带来不便，制造矛盾。如高额阶梯电价让"普通老百姓实在承担不起"。另一方面，互联网上对垃圾、污水处理价格工作有一些不满声音。比如，在一些地方处理污水和垃圾的项目中标价不断被击穿，"恶性竞争损害了环保行业的健康发展，扰乱了正常市场秩序，还可能遗留烂尾工程及豆腐渣工程"。再如，垃圾处理费往往由物业征收或代征收，容易造成"部分居民不按时交物业费、小区垃圾如山""环卫部门没收到垃圾处理费就不处理垃圾""物业垃圾清理不及时臭气熏天"等问题。这些表明相关政策还不够系统，不够完善。舆论认为当前价格形成中的环境损害成本和修复效益没有充分体现，企业节能减排的积极性、主动性尚未被充分调动。

（四）在其他方面，法制保障、价格补贴联动、价格监测、涉企收费等问题反映也较为突出

梳理公众对价格改革细分领域的认可情况，发现以下几个问题也较为突出。

1. 价格改革法制保障不充分

比如价格听证的代表选择屡屡受到社会质疑。价格法制建设与价格管理的衔接不够，实际工作中价格管理手段缺乏法制保障，仍以行政手段为主，经济手段、法律手段难以充分发挥作用。

2. 价格补贴联动实施起来困难较多

主要表现在：很多地方最低工资、失业保险金、最低收入保障线及离退休人员基本养老保险与物价补贴的联动机制尚未完全建立起来；启动补贴门槛偏高，各地普遍以 CPI 同比涨幅连续多月超过临界点为条件；补贴标准偏低，而各地补贴面广，资金需求量大，配套财力有限；补贴发放滞后数月，影响低收入家庭，通常是降低了当期的

生活质量。

3. 价格监测科学性、时效性亟须加强

主要表现在：尚未有效监测到新产业、新业态、新模式对价格形成和波动的影响；价格监测依赖传统的调查体系和方式，但是基层价格监测点的报价人员多为兼职，数据监测质量和分析深度不能保证；价格大数据、大平台并未发挥作用，价格监测的准确性和时效性有待提高。

4. 涉企收费特别是行政事业性收费成为焦点

各级政府部门已经采取诸多措施，初见成效。但是，下列问题较为突出：对要求实行备案管理的收费项目，实际执行中少数收费单位不向地方物价部门备案，又没有法律法规依据来实施处罚，使"备案管理"形同虚设；极少数部门单位收费票据使用不规范，不详列收费项目，收费标准与规定不对应，有逃避监管的嫌疑；行政事业性收费事中事后监管制度机制不够完善，缺乏科学先进的管理手段，只能靠对单位的临时性、年度性检查和群众举报来查处纠正违规收费问题，难以实现法制化管理和动态化管理。

同时部分网民对价改存在些许误解，一是认为价格只涨不降或小降大涨，甚至极端观点认为价格相关举措都是为了涨价；二是片面认为垄断行业大量操控价格，例如不满情绪主要集中在国际油价大幅降低时，国内油价却设置"地板价"措施；三是部分电力、能源等行业的从业人员认为价改政策影响了企业效益，导致其收入降低。这些问题反映出价格改革在政策宣传、舆论引导方面的不足，远未达到让普通民众想了解、能理解、易接受的效果。

四 专家建议及民众呼声

为科学准确地把握公众和专家的期盼，我们综合运用智能分词、共词网络、自动聚类等技术手段勾勒出 664 位专家在 2017 年对下一步价格改革建言的"内在逻辑图",结合对全国民众网络声音的语义分析,形成如下发现。

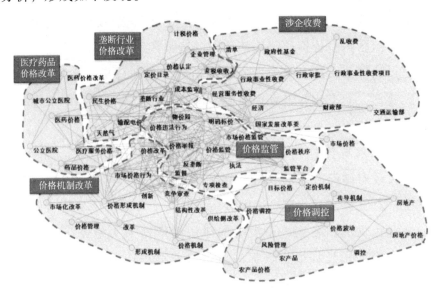

图85　专家对下一步价格改革期盼的热点地图

1. 进一步深化垄断行业价格改革,健全成本监审和定价调价机制

垄断行业价格管理的核心是要搞好生产经营成本的监审。科学界定成本的构成,测算各项主要成本的合理标准,及时或定期地对企业成本进行监审,并通过适当方式向社会公开,接受消费者和利益相关方的监督。这样既有利于提高定价调价的科学性和透明度,也有利于提高企业的经营效率。

2. 进一步清理规范涉企行政事业性收费和经营服务性收费,助推实体经济快速发展

必须从战略高度来认识、研究、清理、降低涉企收费。根据有关研究,我国企业税负和发达国家相比并不太重,但是企业的非税财务负担,主要是收费负担确实比较高。在当前美国实施大规模减税所导致的新一轮国际税收竞争的大背景下,我国应继续稳步推进清理和减

少收费项目的改革，切实降低企业的经济负担，提升国际竞争力。

3. 积极创新，运用大数据等现代技术支撑价格改革工作

在垄断企业经营成本比对、市场垄断程度、价格运行监测、定价事中事后监管等领域，运用大数据、云计算、移动互联等方式，提高价格改革精准度。此外，通过"互联网＋"技术，为广大城乡居民参与价格改革和价格决策提供良好的平台和条件，吸引公众广泛参与，更好地了解和掌握居民或消费者的偏好和利益诉求，形成深化改革的共识，保证改革方案的科学合理从而得到有效实施。

第九章
基于大数据的互联网金融领域事中事后监管

第一节　监管背景

　　金融是国家重要的核心竞争力，金融制度是经济社会发展中重要的基础性制度。加强金融监管的目的在于遵循金融发展规律，推动金融服务实体经济，促进经济和金融良性循环、健康发展。互联网金融是金融领域的重要组成部分。互联网金融（ITFIN）是指传统金融机构与互联网企业利用互联网技术和信息通信技术实现资金融通、支付、投资和信息中介服务的新型金融业务模式。其中，以小额、短期贷款业务为主的现金贷和互联网消费金融近两年发展迅速，尤其是现金贷用户量猛增。

　　近两年来，互联网金融野蛮生长，现金贷领域仍存在用户资质差、以贷养贷等潜在风险；打着消费金融的幌子做现金贷，部分平台涉足非法美容贷业务等新生问题也应引起重视。2014 年，由央行与银监会主导的互联网金融专业委员会正式成立，互联网金融也与传统金融一样开始步入混业经营的模式，其风险监管体系也将向混业监管发展，当前迫切需要采取技术上能够与其发展扩散相"匹敌"的手段来加强事中事后监管。

　　基于大数据对互联网金融开展事中事后监管的关键在于识别判定互联网金融应用程序，获取其用户使用频次数据，在此基础上开展基于用户分类和地域的分析。难点在于互联网金融涉及个人信息和财务状况，内容相对敏感，需要在合法合规的情况下开展研究和分析。

第二节 主要数据源

本研究数据源包括：一是各领域 APP 月活跃用户量数据，以及主要互联网金融 APP 的月活跃用户量、用户省份分布、用户收入水平、日均打开次数等数据 1772.5 万条；二是互联网主要渠道中与互联网金融话题直接相关的信息 737.1 万条；三是 2016 年以来新注册企业信息、注销吊销信息、行政处罚信息 68.8 万条；四是 2017 年以来中央和地方层面出台的与金融相关的法律、行政法规、司法解释、部门规章、行业规定 1.06 万份；五是 2018 年以来与金融紧密相关的核心学术期刊文献 1946 篇；六是国家统计局、中国人民银行等官方机构公布的金融方面统计数据。

第三节 分析思路

1. 利用金融 APP 流量分析各类互联网金融产品的景气程度

基于互联网平台（APP）流量数据，来研究风险专项整治工作开展一年多来，互联网金融由快速发展阶段转入规范发展阶段后的行业发展情况，判断行业人气情况，发展是否回归理性，风险水平变化等情况。

2. 利用活跃用户分析互联网金融发展状况

通过分析互联网金融领域 APP 的月活跃用户量同比增长情况分析互联网支付、互联网理财等细分领域的活跃程度、市场覆盖面、景气水平等情况，判断哪种类型的互联网金融是需要加强监管的重点。

3. 利用企业工商注册、行政处罚信息以及统计数据分析金融监管成效

通过分析新注册企业、注销吊销、行政处罚等大数据以及官方统计数据，分析金融监管成效和金融乱象减轻程度。同时，根据监管记录及统计数据情况进一步判断金融市场存在的风险问题及挑战，为有针对性地提出对策建议提供依据。

4. 利用法律法规和学术文献分析政策出台情况及专家学者意见建议

通过中央和地方出台的与金融相关各类型、各层级的政策，结合舆情反响，分析政策成效，为下一步细化政策制定和执行指明方向，并汇总专家学者提出的对策建议。

第四节 分析结论

一 金融监管工作取得实效

2018年，在世界政治经济格局深度调整变化进程中，我国供给侧结构性改革披荆斩棘，不断前行，经济增长速度保持较高水平，增长质量持续提升。在这极不平凡的一年里，金融系统较好地贯彻党中央、国务院决策部署，扎实推进全国金融工作会议制定的大政方针，促进了金融改革发展，金融体系韧性日益增强，金融运行总体稳定。检索"北大法宝"数据库发现，在这一年里，中国人民银行、银保监会、证监会等部门出台部门规章2098项、行业规定1845项，各地方出台规范性文件11141份、工作文件29129份。对于部委出台的金融政策、监测政策出台后60天内网民讨论热度和评价倾向（11月之后出台的政策取到年底的实际天数），构造人民群众获得感指数，如表10所示，可以发现"深化小微企业金融服务""加强农业产业化领域金融合作""金融机构数据治理""金融支持海洋经济发展""金融支持旅游扶贫"等服务实体经济、防范金融风险、深化金融改革举措获得感较强。

表 10　2018 年人民群众获得感最高的 10 项金融政策

序号	政策名称	出台部门	获得感
1	《关于进一步深化小微企业金融服务的意见》	央行、银保监会、证监会；银发〔2018〕162 号	100.0
2	《关于加强农业产业化领域金融合作助推实施乡村振兴战略的意见》	农业部、邮储银行；农经发〔2018〕3 号	89.3
3	《关于印发银行业金融机构数据治理指引的通知》	银保监会；银保监发〔2018〕22 号	84.5
4	《关于 2018 年推动银行业小微企业金融服务高质量发展的通知》	银监会；银监办发〔2018〕29 号	82.1
5	《关于改进和加强海洋经济发展金融服务的指导意见》	央行、海洋局、国家发改委；银发〔2018〕7 号	81.7
6	《关于印发全国金融支持旅游扶贫重点项目推荐名单的通知》	文旅部、扶贫办、农行；文旅资源发〔2018〕95 号	80.8
7	《关于规范金融机构资产管理业务的指导意见》	央行、银保监会、证监会、外管局；银发〔2018〕106 号	76.7
8	《关于贯彻落实〈中共中央、国务院关于完善国有金融资本管理的指导意见〉的通知》	财政部；财金〔2018〕87 号	75.3
9	《金融资产投资公司管理办法（试行）》	银保监会；中国银行保险监督管理委员会令 2018 年第 4 号	73.1
10	《证券公司大集合资产管理业务适用〈关于规范金融机构资产管理业务的指导意见〉操作指引》	证监会；中国证券监督管理委员会公告〔2018〕39 号	72.4

数据分析发现以下四方面金融工作在民众心中实效明显。

（一）更好地服务了实体经济

1. 企业贷款有所增强

现阶段，贷款仍为我国企业主要融资方式。2018 年 11 月，"境内非金融企业及机关团体贷款"达到88.7万亿元，同比增速从年初8.8%稳步提升至11月9.7%。特别是金融服务小微企业能力进一步加强，小微企业贷款余额从2017年末的30.7万亿元稳步增长到2018年三季度末的33.0万亿元。

2. 表外业务得到有效控制

表外业务是2018年金融治理重点，1~11月委托贷款、信托贷款、未贴现银行承兑汇票合计减少2.88万亿元，金融服务实体经济的漏洞得到有效修复。

3. 企业债券逐步恢复融资功能

从2018年二季度起，企业债券同比增速走出低谷，由上季度5.7%回升到8.6%。之后，基本保持在7%以上水平。11月，企业债券规模达到19.8万亿元，增速为7.6%。值得一提的是，绿色金融、股权融资、服务三农等认同度也较高。

（二）有效防范了金融风险

1. 互联网金融风险有效管控

在过去的一年里，我国互联网金融风险整治成效显著，增量风险有效管控，存量风险有序化解，新型融资功能有效发挥。一方面，P2P运营平台数量从年初2174家下降到11月1184家；另一方面，平台促成的成交额8~11月连续四个月稳定在1100亿元左右，止住了快速下降势头。

2. 房地产债务整体可控

2018年以来，国家加强对房地产调控，个人住房贷款余额增速延续了2017年的下降趋势，2018年三季度增速降至17.9%，为2015年一季度以来最低值。

3. 地方债务规范发行

2018年前8个月，地方政府债券月度发行额呈现增长趋势，9月以后快速下降。11月发行额仅为459亿元，远低于8月8829.7亿元。

4. 宏观杠杆率趋于稳定

结构性去杠杆先要稳杠杆，再适当去杠杆。2018 年全国整体杠杆率已经平稳，不再快速上升。前三个季度，非金融企业部门杠杆率基本维持在 155% 左右。

（三）金融改革迈出实质性步伐

1. 金融监管遏制了金融乱象

通过打击非法金融活动，规范金融市场秩序，金融市场环境快速改善。大数据监测发现，2018 年金融业行政处罚案件数 112 件，同比减少 86.8%，金融业注销企业数在 7 月之后快速下降，金融风险有效释放。

2. 资本市场改革积极作为

2018 年两会后，创新企业境内发行股票（CDR）、IPO 绿色通道等支持新经济企业的政策相继落地；个人养老金入市，发行资产配置私募基金，股票市场被列入公募银行理财产品投资范围等一系列举措引导中长期资金入市；在上交所设立科创板并试点注册制，成为资本市场供给侧竞争的试验田，这些举措深受好评。

3. 中小金融机构健康发展

2018 年，中小金融机构审批门槛降低，经营活力不断提升。大数据监测全国注册资本 1000 万元以下金融机构招聘人数，发现 2018 年前 11 个月招聘人数达到 17.1 万，与 2017 年几乎持平，其中注册资本 100 万元金融机构招聘人员数 3.6 万，已经超过 2017 年招聘人数。

（四）金融开放步履不停

1. 进一步放宽外资准入

2018 年，《外商投资证券公司管理办法》等政策大幅放宽了外商投资比例限制，外媒评价我国此轮金融开放力度远超预期。大数据监测发现，全年 522 家外资企业进入金融业，占金融业新注册企业比重达 2.4%，远高于全部行业 0.36% 的平均水平。

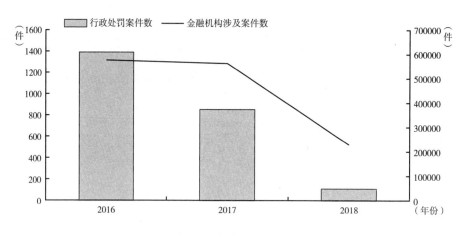

图86　金融机构合规经营成为趋势

2. 支撑"一带一路"建设

深入推进"一带一路"建设，对金融市场和金融机构的综合服务能力提出更高要求。2018 年 4 月，中信银行收购阿尔金银行50.1% 的股份，成为"一带一路"首例银行收购案。银联技术标准被亚洲支付联盟（APN）采纳，6 月即有 60 多个共建"一带一路"国家和地区受理银联卡，覆盖超过 540 万家商户和 68 万台 ATM。数据显示，2018 年以来 302.5 万条与"一带一路"相关的舆情中，有39.2% 与金融相关。

3. 人民币国际化取得重大进展

人民币支付货币功能不断增强，储备货币功能逐渐显现，已经有超过 60 个境外央行或货币当局将人民币纳入官方外汇储备。中国陆续与马来西亚、阿根廷、日本、英国、印度尼西亚、乌克兰等国签署了货币互换协议。巴基斯坦、俄罗斯、印尼、马来西亚和泰国等在商品贸易中抛弃或减少美元的使用而改用人民币结算。

二　互联网金融进入规范发展阶段，现金贷发展势头尤为迅猛

自 2017 年开展风险专项整治工作以来，互联网金融已逐步由

快速发展阶段转入规范发展阶段，行业发展回归理性，风险水平整体下降。尽管平台数量大幅减少，但投资人数及成交量不减反增，行业人气进一步攀升。网贷之家数据显示，截至 2017 年 7 月，互联网金融行业历史累计成交量达 50781.99 亿元，比 2016 年同期增长 112.43%。Trustdata 数据显示，2017 年 7 月互联网金融领域 APP 的月活跃用户量同比增长 47.25%，远高于所有领域 APP 的平均水平。

图 87　互联网金融 APP 与所有领域 APP 平均的月活跃用户量走势

从互联网支付、互联网理财等细分领域看，互联网支付的市场覆盖面最广，模式相对成熟稳定，处于温和上升通道，2017 年 7 月月活跃用户量同比增长 43.65%；互联网理财在经历高峰后，自 2016 年二季度开始进入缓慢下降通道，2017 年 7 月月活跃用户量同比下降 40.98%；相较而言，以小额、短期贷款业务为主的现金贷和互联网消费金融正处于快速增长阶段，尤其是现金贷，2017 年 7 月月活跃用户量同比猛增 378.65%，发展势头强劲。

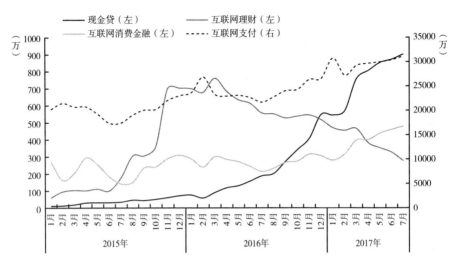

图 88　主要细分领域 APP 月活跃用户量走势

三　发达省份用户偏好理财，相对落后地区多用短期小额贷款

分地域看，经济相对发达的东南沿海省份，互联网金融 APP 的用户数量在全国占比相对较高。具体来看，2017 年 7 月，广东省用户数量占比达 15.49%，呈绝对领先态势；江苏、北京、浙江位于第二梯队，用户数量占比在 5% ~ 7%；随后，中西部地区的河北、四川、河南三省表现突出，用户占比跻身全国前十；上海市则略显落后，以 4.11% 的占比位居第十。

同时，互联网金融 APP 总体用户数量较高的广东、江苏、北京、浙江等地，互联网理财用户的占比更高；而在用户数量排名靠后的大部分中西部地区，互联网消费金融和现金贷的用户占比更高，这表明当前各地互联网金融用户的分布结构存在差异，即在经济较为发达的省份，互联网金融用户偏好理财，而经济发展水平相对较低的省份，使用消费分期和短期小额借贷的用户比例更高。

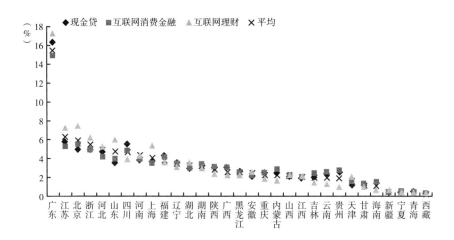

图89 2017 年 7 月各省份主要细分领域 APP 用户数量占全国的比例

四 现金贷行业潜在风险高，网民对现金贷和消费金融负面情绪也较高

参与人群的收入水平（本报告以消费水平替代）是判断互联网金融行业潜在风险的一个重要因素，收入（消费）水平越低则一定程度上反映其客户资质越差，潜在风险越高。从各业态用户的消费水平分布情况看，现金贷 APP 使用人群中，低消费水平的占比高达 47.60%，高消费水平仅占 1.03%，客户资质偏差，潜在风险相对偏高。

进一步分析，从用户使用频率看，现金贷 APP 用户的日均打开次数最多，为 3.66 次，这说明可能存在许多频繁操作、借新还旧、以贷养贷等现象。另有统计数据显示，现金贷共债者（即至少在两家现金贷平台上有借贷记录）比例超过 95%，平均借贷次数在 6 次左右，加之其业务金额小、期限短、利率高等特点，崩盘风险极高。

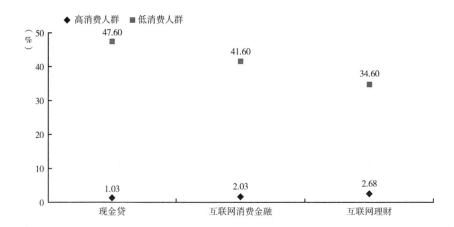

图 90 互联网金融细分领域 APP 用户高、低消费人群占比

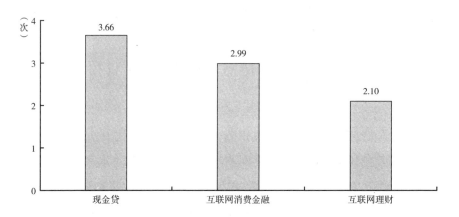

图 91 主要细分领域 APP 用户日均打开次数

通过分析互联网上对主要互联网金融 APP 的评价情况发现，网民对现金贷和互联网消费金融领域的负面情绪相对较高。其中，现金贷 APP "用钱宝" 和 "闪电借款" 的负面情绪占比均超过 40%，位居前两名。有用户反映 "用钱宝" 的催收方式过于暴力，即窃取用户通讯录并打电话骚扰、恐吓、谩骂，严重侵犯用户及家属朋友的隐私。互联网消费金融 APP "来分期" 的负面情绪占比为 34.00%。网民反馈的问题主要有：一是平台商城涉嫌售假，多次被爆出出售假

货，并且退款维权难；二是借贷利率超标疑为高利贷，平台月贷款利率是10%，转化为年利率是120%，严重违反年利息不超过24%的法律规定。互联网理财APP"荷包"的负面情绪占比为29.41%，网民反映其主要问题是一直没有银行存管，使用户缺乏安全感，并有声音质疑其早期曾将资金挪给股东关联方使用。

五　互联网金融领域新生问题和风险点

1. 打着消费金融的幌子做现金贷

当前有些平台为了逃避网络监管和惩处，开始打着消费金融的幌子做现金贷。有些投资人甚至银行都被消费金融的"羊头"所蒙蔽。二者最大的区别在于资金流向不同，现金贷是将资金直接支付给实际借款人，借款人拿到资金后的具体用途无法获知；而消费金融所承担的资金基本上支付给店铺或者其他消费场所，直接用于支付消费者在消费商品过程中所需费用。

2. 直播平台等转战现金贷业务

当前直播行业的红利期已过，一些平台有跨界开展现金贷业务的苗头，但"直播＋现金贷"的模式存在诸多问题和风险，如运营模式不清晰，直播平台完全没有金融基因，风险管控无从操作等。

3. 部分平台涉足非法美容贷业务

在暑期整容热的刺激下，许多平台或专门的美容贷中介与美容机构合作，以"免费美容还有钱拿"等噱头，诱骗以学生为主，没有还贷能力的消费者购买整容服务。平台所谓的"零抵押、零担保、低利息"，实际上风险大，贷款利率高，还贷要求苛刻。有的平台甚至利用消费者的身份信息、电话和银行卡号信息进行二次贷款，使消费者在不知情的情况下欠下"一屁股债"。

4. 部分互联网外汇理财涉嫌造假和传销

部分互联网外汇理财平台风险较为突出，主要表现为：业务牌照涉嫌造假，承诺"高额收益"但交易过程不透明，涉嫌利用"传销模式"发展客户，打着"外汇交易"旗号持续"高额分红"的形式，甚至有平台业务人员在线下宣传时承诺高额回报。这些平台不仅违反我国相关法律规定，更是在交易过程中"暗箱"操作，蚕食客户资金。

5. "校园贷"风险"仍在路上"

2016 年以来，校园贷监管力度日益加大，2017 年 6 月校园贷监管协调强化，校园贷乱象得到初步遏制，但校园贷的风险防控"仍在路上"，校园贷的诸多问题仍未得到实质性解决。具体来看，一是校园贷"名称下线"而"业务没下线"；二是校园贷业务结构从现金贷和消费分期并行转为以消费分期为主的格局；三是校园贷营销从线下转到线上，部分校园贷机构仍然采用多样化营销模式；四是传统金融机构开展校园金融服务的动力不足，校园正规金融服务缺口仍然显著。

六 对策建议

1. 进一步理顺监管思路

一是转变监管理念，打破"铁路警察、各管一段"以及"没娘的孩子没人管"的地盘意识，从"管机构"向"管业务"转变，按业务性质明确监管责任，进行全程监管，实现风险的监管全覆盖。

二是严格市场准入，凡实质从事法定特许金融业务的，一律须申请并获得相关资质或牌照，才可以开展业务并接受持续监督。对法律法规尚无准入要求的"缺门槛"业务，可以考虑实施适当的事前控制。一方面，设置一定的准入门槛，如技术安全标准、客户资金第三方存管制度、符合要求的反洗钱措施、内部控制和风险管理措施等，提高从业机构的经营管理和风险防范能力。另一方面，相关从业机构应当向全国性行业自律组织备案，接受自律监管。

2. 完善互联网金融监管环境

一是建立统一的信息登记、公开系统，对现金贷或互联网消费金融机构和消费者双方的交易记录都进行登记。一方面可以避免多头借贷、身份欺诈的情况出现，解决现金贷、互联网消费金融乃至互联网金融机构之间信息不共享导致的信息孤岛问题；另一方面便于监管，降低信息不对称程度，使消费者了解现金贷、互联网消费金融机构业界声誉，使监管机构掌握其经营情况。

二是起草标准化合同，可以参照已经广泛使用的信用卡合同或银行信贷合同，并对重要风险提示采用字体放大加粗等方式醒目标出，同时合同编号与合同内容一一对应，可以备案随时待查。如此不仅能够保证消费者不受恶意推销人员的蛊惑，更能使消费者明悉利率、手续费率等，避免消费者由于金融法律知识缺乏或投机心理被利用，造成非主观性违约。

3. 建设健康校园金融服务体系

一是在互联网金融和校园贷专项整治的基础上，强化校园贷的相关法律法规及行业规范建设。对于"名称下线，业务不下线"等违法违规行为给予严厉打击，对于不规范机构坚决予以整治，对于违法机构坚决予以惩治并取缔，从"暂停"到"禁止"。

二是提高监管针对性，明确监管责任，强化对校园消费分期贷款的有效监管。

三是引入正规金融机构，强化商业助学贷款的地位和作用，填补校园金融服务的供求缺口。

四是强化学生金融知识和信用约束教育，学校和家庭应与金融机构充分合作，及时掌握学生信贷消费状况，对学生消费形成共同约束。

第十章
基于大数据的窗口服务监管

第一节　监管背景

窗口服务是指中央和地方各级政府部门或履行行政职能的单位直接面向社会、接待群众和市场主体办理各种事物的服务，是当前党和国家推动"放管服"改革、提升公共服务水平的重要组成部分。党的十九大报告提出把"转变政府职能，深化简政放权，创新监管方式，增强政府公信力和执行力，建设人民满意的服务型政府"作为新时代服务型政府建设的目标，并一以贯之，而窗口服务恰恰是打造服务型政府的"第一线""排头兵"，意义十分重大。

十九大以来，党中央、国务院进一步加大力度推进"放管服"改革，着力改善各级政府的窗口服务，加快推进政务服务"一网通办"和企业群众办事"只进一扇门""最多跑一次"。近年来，"一网、一门、一次"改革初见成效，省级政务服务事项网上可办率、市县级政务服务事项网上可办率稳步提升；市县级政务服务事项进驻综合性实体政务大厅逐步落实，企业和群众到政府办事提供的材料大幅减少，高频事项稳步实现"最多跑一次"。

一线服务窗口，社会关注度高，加强监管势在必行。基于大数据的窗口服务监管主要依托公众对窗口服务的评价，一方面研判窗口运行情况，及时调整增强服务功能，同时总结窗口服务好的经验做法，在更大范围推广、复制；另一方面分析群众反映窗口服务存在的问题，尤其关注群众争议较大、"吐槽"较多的反馈意见，并提出有针对性的对策建议，不断提升窗口服务水平，为"放管服"改革做好支撑。

第二节　主要数据源

本研究主要数据源包括：一是 2014 年 1 月 1 日至 2018 年 5 月 20 日互联网微博、微信、论坛、博客、新闻等各大平台与政府机构窗口服务直接相关的信息约 262 万条；二是部分政府机构办事大厅提供的业务办理脱敏数据约 1.5 万条；三是学术期刊中关于完善窗口服务和提升便民水平的文献资料 1607 篇。

第三节　分析思路

1. 利用互联网舆情数据分析群众反馈情况

通过大数据抓取微博、微信、客户端以及门户网站和论坛等方面关于"窗口服务"等相关关键词，分析互联网舆论在分析、讨论相关话题时候的提及量以及情绪，从而判断群众对不同类型、事项、地区、机构等窗口服务的关注度和满意度。

2. 利用窗口服务单位提供的内部数据分析运行情况

在严格保密并不损害当事人合法权益的前提下，通过大数据技术，从窗口服务单位的后台系统中提取各项业务的办理情况，经过脱敏处里后，分析研判办理类型、时限以及不同业务之间的关联关系，为提升办理效率和服务水平提供支撑。

3. 利用学术期刊文献分析窗口服务问题

改进窗口服务、推进"放管服"改革是近年来各地专家学者研

究的重点。通过大数据技术抓取期刊网上的相关主题的文献，对相关
文章进行聚类分析，总结梳理出最受关注和具有参考价值意义的内
容，形成专家学者关于优化窗口服务流程、提升办理效率、改善用户
体验的对策建议。

第四节　分析结论

一　人民群众对政府机构窗口服务工作的认可度持续提高

近年来，在以习近平同志为核心的党中央坚强领导下，国务院持
续深化简政放权、放管结合，优化服务改革，政府机构服务窗口在政
务服务模式和业务规范上不断创新，在提高行政效能、推进政务公开
和提升服务品质等方面发挥了十分重要的作用，人民群众认可度持续
提高。

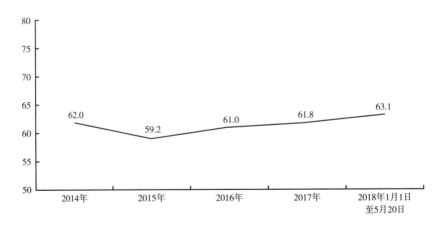

图92　2014年至2018年5月人民群众对政府机构服务窗口认可度

（一）推动政府职能和工作作风全方位深层次变革

舆论高度评价政府机构窗口服务，认为这加大了政府职能转变和

简政放权的力度，以更快更好方便企业和群众办事创业为导向，推动
了审批服务理念、制度、作风全方位深层次变革。各级政府机构窗口
在打造"宽进、快办、严管、便民、公开"的审批服务模式过程中，
有效降低了制度性交易成本，优化了办事创业和营商环境，更是切实
增强了政府公信力和执行力，推动政府治理体系和治理能力现代化，
提升了服务型政府建设水平。例如，北京市政务服务"一张网"初
步形成，包括北京市网上政务服务大厅、北京市统一行政审批管理平
台、北京市政务服务数据资源库在内的三大智慧平台已经打造完成，
逐步实现全市审批部门和事项的统一咨询、接件、受理、监督、反
馈，实现线上线下数据的交换互联和事项的网上办理；山东打造省市
县乡互联互通政务服务网络，着力推进流程再造；上海通过"一号
申请、一窗受理、一网通办"建设推进信息共享和协同审批等；广
东佛山禅城区积极探索"互联网＋政务服务"，以"一门式"行政服
务改革，落实"一号申请、一窗受理、一网通办"的目标。

（二）认为有效缓解了群众反映的突出问题和难点

网民认为政府机构窗口服务将党的群众路线贯彻落实到了审批服
务便民化全过程，真正实现了聚焦影响企业和群众办事创业的突出问
题和难点，用最短的时间、最快的速度，把服务企业和群众的事项办
理好，让群众成为改革的获得者和受益者。一方面，全面清理烦扰企
业、群众的"奇葩"证明、循环证明、重复证明等各类无谓证明，
大力减少盖章、审核、备案、确认、告知等各种烦琐环节和手续，真
正实现为群众"减负"。另一方面，优化提升各级政务服务窗口"一
站式"功能，实行一窗受理、集成服务，实现"一窗通办"，实现了
真正的便民服务。

（三）认为推进了政府管理创新，提升了服务品质

舆论认为，政府窗口服务工作开展过程中，坚持将审批服务的深
层次改革与"互联网＋"融合促进，不断强化互联网思维，积极推

进政府管理创新与互联网、物联网、大数据、云计算、人工智能等技术深度融合，推进审批服务扁平化、便捷化、智能化，提升了服务品质。一方面，打破信息孤岛，统一明确各部门信息共享的种类、标准、范围、流程，加快推进部门政务信息联通共用。另一方面，积极推行"网上办"，凡是与企业生产经营、群众生产生活密切相关的审批服务事项"应上尽上、全程在线"，切实提高网上办理比例。如天津滨海新区"电子市民中心"正式上线以来，不仅是政府门户网站的整合，而且是开发"i滨海"的系统和办件系统，更是政府行政和服务模式的改革创新，有效推进了服务事项标准化、办事流程规范化，健全运行管理机制等多项配套体制机制改革，取得了明显成效。

二 部分窗口服务仍然存在"堵点"

（一）"不清楚办事相关事宜，也不容易搞清楚"

最让老百姓烦心的是"对办事要求、途径、方式等事宜不清楚，也不容易搞清楚，甚至得跑一趟才弄明白要什么材料"。首先，一些地方政府提供的办事指南不准确。有的只提供申请、受理、审查等办事环节名称，没有清晰描述各环节具体要求；有的未提供办事表格下载、表格填写说明或示范文本；更有甚者，做出了"根据有关法律法规规定应提交的其他材料"等类似表述。其次，在"互联网＋政务服务"日益普遍情况下，网上办事入口不好找。一些地方存在互联网政务服务平台与政府门户网站"两张皮"现象，甚至出现同一事项内容不同、名称不一、标准各异的情况，导致办事平台不好找，企业群众不愿用。再次，咨询电话经常占线或无人应答，服务"热"线让人心"凉"。市民多次拨打政务服务电话却打不通、接不进，电话听筒被"晾"在一边，形成了人为占线。最后，一次性告知在很多地方还未真正实现，互联网上抱怨服务人员"说半句留半句""让企业和群众来回跑"的声音很多。

（二）证明材料过多过滥

在一些区域和政务服务领域，政府部门要求出具的证明材料过多过滥，群众办一件事要来来回回两三次、跑很多部门才能搞定，不胜其烦。除了为人民服务意识不强、相关政务服务不够规范、缺乏监督等因素外，专家认为：一方面，各部门、各层级数据没有充分共享，尤其是人口、法人、空间地理、社会信用等基础信息库没有实现互联互通，电子证照库和统一身份认证体系没有构建起来，各部门出具的证明材料只能由当事人去跑；另一方面，政务服务中证明材料仍然过多过滥。在服务意识淡薄地区以及街道、乡镇、社区、派出所等基层单位，"奇葩证明""重复证明""循环证明"等问题仍然反复遇见。

（三）集中的服务大厅，"事"并不集中

当前，各级地方政府的大部分部门都已进驻行政服务中心，但网民反映一些地方进驻服务大厅的"含金量"并不高，仍存在应进未进、进未授权等问题，"两张皮""两头跑""收发室"等现象仍然突出，严重影响老百姓办事效率。有些单位缺乏"壮士断腕"的勇气，进驻一些无关紧要的项目和环节；有些部门选择性进驻，并没有把所有审批事项完全集中到中心；有些部门抓住审批权力不放，对中心窗口的授权还不到位，窗口往往缺乏审批权力，只有"收件"职能，申请材料仍须拿回原部门审批。这些行为导致了审批办件服务的"体外循环"，群众时间成本并未实质性降低。

（四）便民服务设施少

服务大厅没有复印机，没有排队叫号机，办事指引标识不清等"小"事，轻则浪费老百姓时间，中则导致申请人白跑一趟，重则挫伤人民群众干事创业热情，诱发社会矛盾。数据分析发现，缺少便民服务设施让办事人心堵。比如，服务大厅秩序非常混乱，"黄牛"随意插队，"窗口办事人员根本就不理老百姓，办个工商营业执照就这样，创业路上还有多少这种情况？"再如，不提供复印机，事前没准备复印件的办事群众就得"离开窗口—排队复印—重新叫号";网上"吐槽"没复印机的声音绵绵不绝。此外,办事标识不清,群众进门后会涌向咨询台,无形中设置了排队咨询环节。

（五）排队等待时间长

排队等待时间长,是老百姓到政府服务窗口办事遇到的一大烦心事。"排一天队都等不上办业务"屡见不鲜。有网民到区政务大厅社保窗口办理基数核定业务,"早上8点30分排上号,第90位,到下午四点才办理了32位,而排号第二天不能用,逼得老百姓早上六七点钟就到门口排队,简直是噩梦"。这种情况不是个案,比如某地64%政府服务窗口的群众等待平均时间将近半小时,数字证书认证中心平均等待最耗时,达到63分钟。专家认为原因主要有:服务窗口设置偏少,服务人员业务水平不高,缺乏真正意义的综合窗口,以及纸质申报材料处理效率低。

三 专家和网民期盼进一步全面优化提升政务服务水平

（一）期盼加快实现政府机构服务窗口"三集中三到位"

期盼力推广泛实行、群众呼声较高的"三集中三到位",即"行政审批职能向一个内设机构集中,内设机构向政务服务中心集中,行政审批服务事项办理向电子政务平台集中;事项进驻到位,授权到位,电子监察到位"。坚持以集中、到位为主要抓手,为企业和人民群众提供更加便捷、规范、高效的政务服务。其中,群众办事遇到的堵点难点问题,主要是由于各职能部门之间的信息壁垒与责任推卸,所以要解决群众的办事堵点问题,就要加快"互联网+政务服务"平台的建设,推进政务信息共享,促进各部门加快实现政务服务的"一号申请、一窗受理、一网通办",认可"前台综合受理、后台分类审批、统一窗口出件"的运行模式,将"一事跑多窗"变为"一窗办多事"。

（二）期盼持续优化政务服务流程

首先，强化政务服务流程优化再造的顶层设计，加强对政务服务事项取消、下放、增加和运行要素调整的整体布局。其次，推进政务服务"标准审批"改革，规范权力运行，实现政务服务"规范办"，明确每个环节办理时限、标准和规范，实现审批流程、要件、服务在市、县区、镇（街道）三级同步标准化。再次，尽快建立跨部门协同审批工作机制，真正彻底地变串联为并联，变平行为并行，实现政务服务"联合办"，少让老百姓来回跑。最后，鼓励并推广政务服务"一次办"，倡导开展"预约服务""延时服务""上门服务""自助服务"等多种服务形式，努力实现"一件事情，一次办结"。

（三）期盼让群众办事更加便捷便利

各地窗口服务大厅应当把复印机、引导标识、休息座椅、书写台、便民无障碍设施（雨伞、药箱、老花镜等）作为建设"标配"，同时继续改进工作机制：一是"窗口首接负责"服务机制，明确第一位接待群众办事、求助、咨询的窗口工作人员担负接待责任，或自行办理，或引导至本单位相关承办人员，或当场明确告知不属于本单位职责并提供帮助；二是"无否决权"服务机制，服务窗口面对群众办事、求助、咨询等，任何窗口工作人员不能说"不能办"，只能说"怎么办"，避免已存在或新发现的问题拖成历史问题。

（四）期盼最大限度地精简办事程序、要件和申报材料

地方部门设置不合理、多头管理、政出多门，民众办事难；行政审批手续繁杂，办事效率低；权力滥用，以权谋私等，这些都是群众反映职能部门存在最多的问题，同时也是衡量机构改革成效的关键所在，所以政府要进一步简化办事流程，提高办事效率。相关部门应广泛听取公众和专家意见，尽力、及时、有效对行政审批服务事项的设定依据、申请条件、申请材料等内容进行逐项审核和精准细化规范，从源头上消除各类"奇葩证明""循环证明"。诸如某市"新市民积

分入户"要求"中华骨髓库""志愿者联合会"等单位出具证明材料等类似做法,要在全社会范围内充分论证,及时调整优化,取消不必要申报材料,杜绝不合理条款。

(五)期盼打通窗口服务"最后一公里"

首先,推进便民服务社区和村级窗口建设,促进国家与百姓"心贴心"。鼓励基层全面对接百姓服务需求,把群众的个性化需求与服务的针对性提供有机结合。其次,加快跨部门、跨地区、跨层级的平台互通、身份互信、证照互用、数据共享和业务协同,从技术层面促进审批服务事项联网通办,可就近申办相关事项,最大限度地实现"同城通办、就近申办"。更重要的是,尽力推行政务服务"网上办"。凡是能网上办理的事项,不要求申请人必须到现场办理;凡是能通过网络共享复用的材料,不要求申请人重复提交;凡是能通过网络核验的信息,不要求申请人和其他单位重复提供。此外,还要加强作风建设,提高为民办事的执行力。群众到职能部门办事,有的工作人员"一问三不知",有的部门相互"踢皮球",很多人都遭遇过类似这样的"机关病"。不少地方的硬件上去了,相应的服务却没有完全跟上。基于此,要想从根本上解决群众办事难问题,就要加强职能部门作风建设,切实提高为群众办事的效率。

第十一章

研究展望

基于大数据的事中事后监管已经成为下一步深化"放管服"改革的重要抓手，并在多个监管领域逐步发挥巨大作用，为降低监管成本、提高监管效率夯实了基础。但也应当注意到，当前基于大数据的事中事后监管仍然处于摸索创新阶段，在平台建设、数据归集、法律法规、专业技术等方面尚存在不同程度的困难和问题，需要在今后的工作和研究中进一步加强。

第一节　当前事中事后监管大数据应用的主要瓶颈

从现有实践中看，利用大数据技术进行事中事后监管工作也面临一些困难和瓶颈，主要表现在如下方面。

一　平台建设水平跟不上

当前国内大数据平台能够实现的功能与事中事后监管体系总体目标相比还存在不少差距，相对完善的基于大数据的事中事后监管平台尚未形成，主要有以下问题。

1. 部分平台通用性不足

例如，虽然国家开放了全国企业信用信息公示系统，但该系统的功能仅仅是工商部门的信用信息平台，与其他部门的信用信息系统并不兼容，监管平台功能模块带有过多部门色彩，降低了通用性。

2. 部分平台综合性业务应用较少

当前的平台功能侧重于一般信息采集，上线的联合执法、协同监管等综合性业务应用较少，日常监管内容也不够丰富，平台部分功能设置与基层实际业务流程不匹配，无法满足一线执法人员的实际工作需要。

3. 部分平台用户体验不佳

市场主体和社会公众在使用过程中时有反映，现有的系统平台仍只停留在简单对企业名称、负责人、联系方式、经营范围等有限的数据进行采集和统计阶段，相关部门还没有主动运用录入和公开行政处罚等信息①。

二　数据归集、共享程度不高

基于大数据的事中事后综合监管平台本应是相关政府部门共建、共用、共有的信息化工程，然而不少地区仍然保持着各个部门自建自管模式。各单位重复建设系统，形成信息壁垒，导致政府内部数据互联互通和外部数据开放共享处在较低水平，难以支撑协同业务，主要体现在"不愿共享"和"不能共享"两方面。

1. "不愿共享"

主要是指各机构对数据共享开放意识淡薄，跨部门数据整合难度较大。考虑到工作秘密或部门利益，政府部门在没有建立利益激励机制时多半不愿意数据共享和开放。这就导致政府数据仍存在"各自为政"的问题，难以"全方位"呈现市场主体信息，限制了大数据技术在事中事后监管中作用的发挥。

2. "不能共享"

主要是指各领域存在数据采集标准不统一问题。统一的数据采

---

① 董海明、董海军、陈琦：《大数据时代的政府治理与监管》，《党政论坛》2017 年第 8 期。

集标准和报告格式是提高监督管理效率的前提，随着互联网技术的快速发展，各单位积累了海量信息数据，不少部门都在按照各自的标准采集与运用数据。但不同的数据标准会使进行大数据整合时，出现数据冗余、缺失，或不同机构数据有出入等问题，影响大数据的整合速度和进程，进而阻碍了运用大数据技术开展事中事后监管工作。

三　法律法规缺失与滞后并存

在推进基于大数据的事中事后监管过程中，相关监管法律法规的缺失或者滞后的问题越来越突出。

1. 运用大数据实施监管缺乏相应的法律法规保障

我国现行监管领域的法律法规大量集中于规范事前行政审批，现有投资、准入、环保、能耗、质量、安全等方面的法律法规、规范性文件等很少涉及事中事后监管的内容和要求，更没有具体的标准和流程。政府对于如何开展事中事后监管尚缺乏完备的法律依据，而基于大数据开展事中事后监管的法律法规更是几乎空白。以大数据征信领域为例，关于个人隐私的规定大多散落在不同的法律法规当中，目前还没有专门针对个人信用信息保护的法律法规；同时，政府部门通过大数据批量采集信息的边际成本非常低，容易突破已有的个人隐私边界，给公众和政府之间造成新的矛盾。

2. 现有部分法律法规不适应大数据监管的新要求，需要加快调整

当前行政审批制度改革使审批项目大幅减少或下放，为基于大数据的事中事后监管提供空间，但部分涉及事前审批的法律法规还需要及时调整完善。如《行政许可法》《反垄断法》等法律法规中，涉及"放管服"改革取消行政审批事项、将前置审批事项改为后置审批事项的内容已经明显滞后，需要及时启动修订程序，并按照程序吸取一些利用大数据开展事中事后监管的成熟做法，将其上升到法律高度。

此外，在一些国务院部门规章、地方性法规中也存在不少类似情况，均需要逐一加以完善，推动法律法规与时俱进[①]。

四 专业技术支撑力度不够

基于大数据的事中事后监管是一项对专业技术水平要求相对较高的工作，既需要大数据领域的信息技术力量，也需要熟悉监管对象领域的相关专业人才，然而当前大部分领域和地区在专业技术人才支撑方面还难以做到完全满足业务需求。

1. 大数据事中事后监管人才仍相对缺乏

当前大数据、人工智能、云计算等领域的高端创新人才供应整体上还比较缺乏，在人才市场上处于供不应求的地位，很容易被风投等大量资金支持下的互联网企业所吸引，愿意投身事中事后监管领域的技术人才数量较少，导致各部门、各地方在开展基于大数据的事中事后监管过程中，缺乏对数据进行有效整合、分析、评价、控制和应用的专业技术人才，不得不依赖服务外包等渠道，为监管的客观性、公正性以及部分工作的保密性埋下隐患。

2. 大数据事中事后监管技术存在短板

保证对数据的收集、分析和应用能力是利用大数据技术进行事中事后监管的关键。市场运行产生的数据既有结构化的统计数据，也有非结构化的音频、图像、文字等数据，这些数据往往具有高维、多变和强随机性等特征。而现有的技术还无法完全保证对不同来源、类型各异的监管数据做到高效、准确的处理，在海量数据存储、数据清洗、数据分析发掘、数据可视化等领域关键技术还需要加强攻关以弥补短板。

---

① 上海市发展改革研究院课题组、沈杰、赵宇刚：《加强政府事中事后监管的方法、手段和对策研究》，《科学发展》2014 年第 12 期。

3. 大数据事中事后监管与具体业务结合不紧密

随着行政体制改革的不断深化，事前审批事项不断下放或取消，事中事后监管的压力越来越大，大数据技术应用可以为收集、处理信息提高效率，但必须与具体监管领域的业务内容高度契合，才能发挥应有作用。但在实际操作中，很多地方的大数据系统仅仅被用来展示呈现大屏幕效果，甚至沦为迎接检查和参观的摆设，与真正的关联处理、分析研判、调度指挥等主要业务需求存在一定程度的脱节①。

第二节　进一步加强大数据支撑
事中事后监管的建议

为了更好地发挥大数据在事中事后监管方面的作用，各监管部门需要进一步提高思想认识水平，加强平台系统建设，促进数据归集共享，完善相关法律法规，提升综合技术保障水平。

一　树立"数据驱动"的决策思维

开展基于大数据的事中事后监管，监管部门需要转变观念，避免"本人以为"式的非理性决策，做到用数据说话，用数据决策，用数据管理，用数据创新，从纷繁复杂的数据中挖掘出隐藏的规律、关系、趋势等有效信息，从而助力科学决策。

1. 要重视一线、一手的数据来源

监管部门应当改变以往等待基层报送信息的传统数据收集方式，而采取"主动出击"的做法，通过多种技术收集直观的、一线的、一手的客观数据。如利用卫星遥感、监控视频、手机信令、网络舆情

---

① 段宇波、刘佳敏：《地方政府事中事后监管的困境与路径》，《经济问题》2018 年第 6 期。

等手段，在不干扰市场主体的情况下就可以收集到真实有效的数据，为开展事中事后监管奠定坚实基础。

2. 要重视数据间的关联分析

零散、独立的数据很难产生监管价值，但是同一本体的不同属性数据关联后可以用于分析、监测和预警，助力开展综合监管。例如，以市场主体的统一社会信用代码为"主键"，关联其工商记录、纳税记录、司法记录以及投融资等信息，可以综合判断其经营状况，甚至预警可能产生的风险。在此基础上，市场监管部门可以进一步推动新型监管方式同监管执法的深度融合，根据大数据监测结果严格依法惩戒违法行为，让违法者付出高昂代价，形成良好市场氛围。

3. 要重视数据开放创新

监管部门应当破除"政府是唯一监管主体"的陈旧理念，树立"企业自治、行业自律、社会监督、政府监管"的社会共治理念。在开展大数据事中事后监管过程中积累的数据资源不仅是有关部门用以监管市场主体的依据，同时也是促进多元主体参与监管的有效渠道。在妥善清洗、脱敏的基础上经过审核后，一些监管数据可以为社会公众、行业协会和专业机构参与监管提供参考，不断扩大社会监督，建立起与市场经济发展相适应的市场治理体系①。

二　加强大数据事中事后监管平台建设

以数据利用与整合为基础，按照"统一支撑、分域监管"的原则，建立覆盖相关业务机构的事中事后监管事项统一数据归集、统一监测预警、统一响应处置、统一结果公示"四统一"的技术平台。通过平台建设打通相关业务系统数据资源，逐步加强与相关机构的事

---

① 卢玉平、金铭、段晓军、王子豪：《加强事中事后监管问题研究》，《中国市场监管研究》2018 年第 2 期。

中事后监管数据共享、证照衔接、监管联动、执法协作，将加强事中事后监管的热点信息全网络采集和监管结果公开作为平台建设的两个基础功能，在平台使用过程中不断调试完善其他功能。

1. 要实现部门联动，跨域协同

平台应当覆盖市场监管、城建、环保、税务、公安等各个负有监管职责部门的监管业务，为实施跨部门、跨区域、跨层级的协同监管夯实基础。同时，充分利用信息网络、智能控制等新技术，建立全覆盖、动态化、连续性的网络监管平台，提高监管的实效性、准确性、透明性。

2. 要实现信息共享，资源整合

平台应当以事中事后监管为立足点，整合工商部门的法人数据库、公安部门的自然人数据库、自然资源部门的空间地理信息库等基础数据库，并综合利用各级网上政务大厅、公共信用信息服务平台以及各部门的监管业务系统，集信息查询、协同监管、联合惩戒、社会监督、决策分析等功能于一体，实现各领域监管信息的实时传递和无障碍交换，构建综合监管应用体系，形成多部门综合监管。

3. 要实现透明运行，公众参与

平台建设充分借助互联网技术手段，形成全程可追踪的完整信息链，加快完善风险防范预警机制，推动监管、服务更精准、更智能。同时，让政府部门掌握的监管信息"走出去"，并把社会组织等机构可用于监管的信息"请进来"，打造社会监管平台，提高监管透明度，方便公众知情、监督。充分发动社会力量，强化"一线监管、公众监督"，建立社会监管与政府监管的沟通机制，让社区、社会组织、行业协会、居民个人成为提升监管水平的重要力量。[1]

---

[1] 陈学军：《探索完善大数据监管新机制 建设事中事后综合监管平台》，《中国市场监管研究》2017 年第 1 期。

三 提升事中事后监管大数据的归集和共享水平

大数据监管平台建设完善后，需要加快相关业务数据整合汇聚。结合政务信息系统整合共享工作，推进投资项目在线审批监管平台、全国信用信息共享平台、全国公共资源交易平台和中国招标投标公共服务平台等系统的事中事后监管数据共享，形成资源统一汇集机制，建立各部门非涉密业务数据、信息资源共享与协同分析机制。

除政府数据外，归集数据还可以来自以下几方面。一是采集市场流通各环节数据。依托现代化追溯技术，以市场客体为核心，利用移动通信、物联网、云计算、防伪识别等多种现代化追溯技术，采集市场主体与客体的各环节交易数据，构建"来源可查、去向可追、责任可究"的信息链条。二是采集社会公共事业部门数据。沟通社会公共事业部门，如电力公司、自来水公司、煤气公司、供热公司、物业公司等，共享市场主体相关信息数据，作为平台市场主体经营行为的辅助信息数据。三是采集融合互联网海量数据。互联网上充斥着各类在线交易、大众评价、消费投诉等海量数据，企业服务器中存储着各种生产、销售、售后等数据。通过数据挖掘、机器学习等先进技术，融合线下与线上的海量数据，充实到大数据监管平台，与政府所掌握的数据进行比对校验，可以发现市场主体违规经营问题，从而进行有针对性的监管。[①] 在数据相对完备的基础上，要进一步推动跨部门、跨地区、跨领域数据共享交换。配合政务信息系统整合共享工作开展，以协同推进事中事后监管为抓手，推进各部委、地方政府、行业协会、市场机构等建立协作关系，依托国家数据共享交换平台，形成事中事后监管基础数据和结果数据共享机制，打造新型监管数据共

---

① 李洪亮：《创新事中事后监管机制　构建大数据监管新格局》，《中国市场监管研究》2017
年第 2 期。

享体系。

四 完善大数据事中事后监管法律法规

基于大数据的事中事后监管离不开法律法规全程护航，需要按照全面依法治国的要求，从立法、执法、司法三个层面同步推进，打造良好的法治氛围。

从立法层面看，要加快运用大数据推进社会治理和市场监管的法律、法规或行政规章的制定，确立运用大数据实施监管的法律地位，确立多部门、全行业统一监管机制。积极研究数据开放、保护等方面的实施细则，确保各单位数据的共享共用；同时也要同步制定保护企业商业秘密和公众个人隐私的法律法规。

从司法层面看，要建立公检法机关与各相关监管部门间案情通报机制、信息共享和协调合作机制，使事中事后监管的效力能够有效发挥。让案件信息能够及时流转处理，形成工作合力。建立健全基于大数据的联合惩戒机制。将监管大数据嵌入行政管理和公共服务的各领域、各环节，作为必要条件或重要参考依据。建立跨部门联动响应机制，对违法主体依法予以限制或禁入。

从执法层面看，要整合规范市场监管执法主体，在大数据监测的基础上，根据监管对象、监管内容的需要，统一调配监管力量，推进城市管理、文化、环保等领域跨部门、跨行业综合执法，相对集中执法权。让数据多跑路，执法力量少跑腿，逐步消除多层重复执法，规范和完善监管执法协作配合机制，做好市场监管执法司法衔接。

五 强化事中事后监管大数据专业保障能力

为了保证基于大数据的事中事后监管平台可以高效持续运行，需要不断加大对保障投入，有关部门可以主要从人才配备、方法创新及专业力量支撑配合三个方面入手。

1. 要加快大数据监管人才的培养或引进

基于大数据的事中事后监管需要既懂监管业务又善于获取数据、分析数据、应用数据的高级技术人才和综合管理人才。因此要不断创新人才培养、引进机制，从高校院所、科研单位和互联网企业中选拔具有丰富研究、分析和管理经验的人才，结合地方公务员聘任制改革等契机，打造一支素质高、能力强、作风硬的复合型大数据监管队伍。还要强化与社会大数据企业的合作，借用社会专业技术力量协助解决监管难题。

2. 要不断创新分析方法手段

继续加大力度完善事中事后监管大数据智能分析系统，形成事中事后监管对象全景画像分析、监管对象特征识别、监管风险评级、监管对象信用评分等大数据算法模型。不断创新应用大数据挖掘、分析技术，结合智能爬虫和语义识别技术、引擎搜索技术、云计算处理技术、数据库技术等新方法，对各类监管平台和网络媒体进行持续性监测，自动识别违法行为。同时，将监管过程和结果与可视化技术相结合，促进市场主体数据库和地理空间数据库融合，将市场主体和违法行为进行电子地图定位，并标识风险类别，增强市场监管的针对性和时效性。

3. 要引入专业化机构配合专业工作

为弥补事中事后监管部门在专业知识、技能等方面不足，可在保密、经费、权限等条件允许的情况下引入专业服务化机构，配合分析监管数据，从中发现苗头性、倾向性、潜在性的问题，及时上报处理。如第三方检验检疫机构、律师事务所、资产评估事务所等，都可在技术审查中提供独立技术鉴定支持，使相关领域大数据分析结果发挥更大价值[1]。

---

① 姜书彬：《完善政府事中事后监管体制研究》，《机构与行政》2016 年第 10 期。

附　录
事中事后监管相关政策文件摘录

《李克强在国务院机构职能转变动员电视电话会议上的讲话》
(2013 年 5 月 13 日)①

　　这次转变职能，放和管是两个轮子，只有两个轮子都做圆了，车才能跑起来。大量减少行政审批后，政府管理要由事前审批更多地转为事中事后监管，实行"宽进严管"。加强事中事后监管，发现问题就必须叫停、处罚，这往往要得罪人，甚至要做"恶人"，比事前审批难得多。工作方式也不一样，事前审批是别人找上门，事后监管则是自己要下去，到现场了解情况，实施监管。同时，我们一些政府机关和干部在行政审批方面通常是轻车熟路，但在市场监管方面办法还不多、经验也不足。这主要不是因为干部水平本身的问题，还是体制不对头，所以事倍功半。这种管理方式上的转变，对各部门、各级政府都是新的考验和挑战，责任更重了，要求更高了。我们作为人民的政府和国家的公务员，要对人民负责、对国家负责，就要担这个责任，不断提高自身水平，这是无法回避的。

《国务院办公厅关于清理规范国务院部门行政审批中介服务的通知》（国办发〔2015〕31 号）②

---

①　国务院办公厅：《李克强在国务院机构职能转变动员会议上的讲话》，http://www.gov.cn/ldhd/2013 – 05/14/content_ 2402749. htm。

②　《国务院办公厅关于清理规范国务院部门行政审批中介服务的通知》，http://www.gov.cn/zhengce/content/2015 – 04/29/content_ 9677. htm。

（一）清理中介服务事项。对国务院部门行政审批涉及的中介服务事项进行全面清理。除法律、行政法规、国务院决定和部门规章按照行政许可法有关行政许可条件要求规定的中介服务事项外，审批部门不得以任何形式要求申请人委托中介服务机构开展服务，也不得要求申请人提供相关中介服务材料。审批部门能够通过征求相关部门意见、加强事中事后监管解决以及申请人可按要求自行完成的事项，一律不得设定中介服务。现有或已取消的行政审批事项，一律不得转为中介服务。严禁将一项中介服务拆分为多个环节。依照规定应由审批部门委托相关机构为其审批提供的技术性服务，纳入行政审批程序，一律由审批部门委托开展，不得增加或变相增加申请人的义务。

《国务院办公厅关于运用大数据加强对市场主体服务和监管的若干意见》（国办发〔2015〕51 号）①

（十）健全事中事后监管机制。创新市场经营交易行为监管方式，在企业监管、环境治理、食品药品安全、消费安全、安全生产、信用体系建设等领域，推动汇总整合并及时向社会公开有关市场监管数据、法定检验监测数据、违法失信数据、投诉举报数据和企业依法依规应公开的数据，鼓励和引导企业自愿公示更多生产经营数据、销售物流数据等，构建大数据监管模型，进行关联分析，及时掌握市场主体经营行为、规律与特征，主动发现违法违规现象，提高政府科学决策和风险预判能力，加强对市场主体的事中事后监管。对企业的商业轨迹进行整理和分析，全面、客观地评估企业经营状况和信用等级，实现有效监管。建立行政执法与司法、金融等信息共享平台，增强联合执法能力。

---

① 《国务院办公厅关于运用大数据加强对市场主体服务和监管的若干意见》，http：//www.gov.cn/zhengce/content/2015－07/01/content_ 9994. htm。

《国务院办公厅关于推广随机抽查规范事中事后监管的通知》
（国办发〔2015〕58 号）①

一 总体要求

认真贯彻落实党的十八大和十八届二中、三中、四中全会精神，
按照《国务院关于印发 2015 年推进简政放权放管结合转变政府职能
工作方案的通知》（国发〔2015〕29 号）部署，大力推广随机抽查，
规范监管行为，创新管理方式，强化市场主体自律和社会监督，着力
解决群众反映强烈的突出问题，提高监管效能，激发市场活力。

——坚持依法监管。严格执行有关法律法规，规范事中事后监
管，落实监管责任，确保事中事后监管依法有序进行，推进随机抽查
制度化、规范化。

——坚持公正高效。规范行政权力运行，切实做到严格规范公正
文明执法，提升监管效能，减轻市场主体负担，优化市场环境。

——坚持公开透明。实施随机抽查事项公开、程序公开、结果公
开，实行"阳光执法"，保障市场主体权利平等、机会平等、规则平
等。

——坚持协同推进。在事中事后监管领域建立健全随机抽查机
制，形成统一的市场监管信息平台，探索推进跨部门跨行业联合随机
抽查。

二 大力推广随机抽查监管

（一）制定随机抽查事项清单。法律法规规章没有规定的，一律
不得擅自开展检查。对法律法规规章规定的检查事项，要大力推广随

---

① 《国务院办公厅关于推广随机抽查规范事中事后监管的通知》，http：//www.gov.cn/
zhengce/content/2015 - 08/05/content_ 10051. htm。

机抽查，不断提高随机抽查在检查工作中的比重。要制定随机抽查事项清单，明确抽查依据、抽查主体、抽查内容、抽查方式等。随机抽查事项清单根据法律法规规章修订情况和工作实际进行动态调整，及时向社会公布。

（二）建立"双随机"抽查机制。要建立随机抽取检查对象、随机选派执法检查人员的"双随机"抽查机制，严格限制监管部门自由裁量权。建立健全市场主体名录库和执法检查人员名录库，通过摇号等方式，从市场主体名录库中随机抽取检查对象，从执法检查人员名录库中随机选派执法检查人员。推广运用电子化手段，对"双随机"抽查做到全程留痕，实现责任可追溯。

（三）合理确定随机抽查的比例和频次。要根据当地经济社会发展和监管领域实际情况，合理确定随机抽查的比例和频次，既要保证必要的抽查覆盖面和工作力度，又要防止检查过多和执法扰民。对投诉举报多、列入经营异常名录或有严重违法违规记录等情况的市场主体，要加大随机抽查力度。

（四）加强抽查结果运用。对抽查发现的违法违规行为，要依法依规加大惩处力度，形成有效震慑，增强市场主体守法的自觉性。抽查情况及查处结果要及时向社会公布，接受社会监督。

三 加快配套制度机制建设

（一）抓紧建立统一的市场监管信息平台。加快政府部门之间、上下之间监管信息的互联互通，依托全国企业信用信息公示系统，整合形成统一的市场监管信息平台，及时公开监管信息，形成监管合力。

（二）推进随机抽查与社会信用体系相衔接。建立健全市场主体诚信档案、失信联合惩戒和黑名单制度。在随机抽查工作中，要根据市场主体的信用情况，采取针对性强的监督检查方式，将随机抽查结果纳入市场主体的社会信用记录，让失信者一处违规、处处受限。

（三）探索开展联合抽查。县级以上地方人民政府要结合本地实际，协调组织相关部门开展联合抽查。按照"双随机"要求，制定并实施联合抽查计划，对同一市场主体的多个检查事项，原则上应一次性完成，提高执法效能，降低市场主体成本。

《国务院关于"先照后证"改革后加强事中事后监管的意见》（国发〔2015〕62 号）①

为深化商事制度改革，强化"先照后证"改革后的事中事后监管，提出以下意见。

一 总体要求

（一）指导思想

全面贯彻党的十八大和十八届二中、三中、四中全会精神，认真落实党中央、国务院决策部署，深化商事制度改革，转变市场监管理念，明确监管职责，创新监管方式，构建权责明确、透明高效的事中事后监管机制，正确处理政府和市场的关系，维护公平竞争的市场秩序。

（二）基本原则

职责法定。坚持权责法定、依法行政，谁审批、谁监管，谁主管、谁监管，按照法律、行政法规、国务院决定，厘清各部门市场监管职责，推进市场监管法治化、制度化、规范化、程序化。

信用约束。加快推进全国统一的信用信息共享交换平台和企业信用信息公示系统建设，推进政府部门、行业协会、社会组织信用信息

---

① 《国务院关于"先照后证"改革后加强事中事后监管的意见》，http：//www. gov. cn/
zhengce/content/2015 – 11/03/content_ 10263. htm。

共享共用，强化信用对市场主体的约束作用，构建以信息归集共享为基础，以信息公示为手段，以信用监管为核心的监管制度，让失信主体"一处违法，处处受限"。

协同监管。建立健全登记注册、行政审批、行业主管相互衔接的市场监管机制，实现各部门间依法履职信息的互联互通、联动响应，形成分工明确、沟通顺畅、齐抓共管的监管格局，切实增强监管合力，提升监管效能。

社会共治。推进以法治为基础的社会多元治理，健全社会监督机制，切实保障市场主体和社会公众的知情权、参与权、监督权，构建市场主体自治、行业自律、社会监督、政府监管的社会共治格局。

二　严格行政审批事项管理

各地区各部门要切实落实"先照后证"改革，按照法定条件和法定程序规范审批行为，实现审批行为的公开便利。

（三）实行行政审批事项目录管理

工商总局负责公布工商登记前置审批事项目录。法律、行政法规、国务院决定新增前置审批事项、取消行政审批事项、将前置审批事项改为后置审批事项的，实施审批的国务院相关部门应当及时通知工商总局对目录进行更新，并向社会公布，方便企业、群众办事和监督。除法律、行政法规和国务院决定外，一律不得设定工商登记前置审批事项，也不得通过备案等方式实施变相前置审批。

经营者从事工商登记前置审批事项目录中事项的，应当依法报经相关审批部门审批后，凭许可文件、证件向工商部门申请登记注册，工商部门依法核发营业执照。经营者从事工商登记前置审批事项目录外事项的，直接向工商部门申请登记注册，工商部门依法核发营业执照。

省级人民政府应当于 2015 年底前依法制定工商登记后置审批事项目录，并向社会公布。

（四）确保审批行为严格依法、公开透明

各审批部门要严格按照法定条件和法定程序，逐项制定审批标准并予以公示。取消重复性、形式化的审批手续，推行网上审批，对审批标准和受理、审查、批准等审批信息通过互联网向社会公示，及时发现和纠正违规审批行为。

各地区各部门要健全对行政审批的监督制约机制，不断提高政府管理科学化规范化水平。

三　厘清市场监管职责

按照谁审批、谁监管，谁主管、谁监管的原则切实履行市场监管职责，加强"先照后证"改革后的事中事后监管，防止出现监管真空。

（五）工商部门履行"双告知"职责

在办理登记注册时，工商部门要根据省级人民政府公布的工商登记后置审批事项目录告知申请人需要申请审批的经营项目和相应的审批部门，并由申请人书面承诺在取得审批前不擅自从事相关经营活动。

在办理登记注册后，工商部门要运用信息化手段，对经营项目的审批部门明确的，将市场主体登记注册信息及时告知同级相关审批部门；对经营项目的审批部门不明确或不涉及审批的，将市场主体登记注册信息及时在企业信息共享平台上发布，相关审批部门或行业主管部门应及时查询，根据职责做好后续监管工作。

（六）明确市场监管责任

法律法规明确市场监管部门和监管职责的，严格依法执行。

法律法规没有规定市场监管部门和监管职责或规定不明确的，工商部门、审批部门和行业主管部门要按照分工履行好市场监管职责，及时发现和查处问题。审批部门或行业主管部门在发现违法违规行为后，有专门执法力量的，由其牵头负责查处；没有专门执法力量或执法力量不足的，应充分发挥工商部门市场监管骨干作用，审批部门或行业主管部门可依法提请工商部门牵头共同予以查处。工商部门在执法过程中，发现违法违规行为线索，属于其他部门监管职责的，应及时告知相关部门。省级人民政府可根据这一原则并结合当地实际确定市场监管部门及监管职责，作出具体规定，确保事有人管、责有人负，实现无缝衔接。积极支持已出台加强事中事后监管文件的地方继续探索。

四　完善协同监管机制

各地区各部门要严格依法履行职责，按照有利于综合执法、重心下沉、强化地方监管责任的原则，在推进政府职能转变、深化商事制度改革中积极探索，创新市场监管体制机制，加强信息互联共享，完善信用监管机制，提高监管效能。

（七）做好信息公示工作

大力建设企业信用信息公示"全国一张网"。工商部门要通过企业信用信息公示系统，认真履行公示市场主体信息的法定职责，督促市场主体履行信息公示义务。其他政府部门要通过企业信用信息公示系统、"信用中国"网站向社会公示行政许可、行政处罚等信息。2016年底前，地方政府要初步实现归集各政府部门在履行职责过程中产生的行政许可、行政处罚以及其他依法应当公示的企业信息。

（八）建立信息互联共享机制

2016年底前，地方政府要初步实现工商部门、审批部门、行业主管部门及其他部门之间的信息实时传递和无障碍交换。区分涉密信息和非涉密信息，依法实施对企业信息在采集、共享、使用等环节的分类管理，依法予以公示，并将有关信息记于相对应企业名下。通过构建双向告知机制、数据比对机制，把握监管风险点，将证照衔接、监管联动、执法协作等方面的制度措施有机贯通，支撑事中事后监管。各部门要建立健全与同级人民法院、人民检察院等司法机关之间的信息共享和协调合作机制，有效形成工作合力。

（九）加强监管风险监测研判

工商部门、审批部门、行业主管部门要按照法定职责牵头组织有关部门加强研判分析，充分运用大数据、物联网等现代信息技术，整合抽查抽检、网络市场定向监测、违法失信、投诉举报等相关信息，掌握相关领域违法活动特征，提高发现问题和防范化解区域性、行业性及系统性风险的能力，做到早发现、早预警。要建立健全网络市场监管分工协作机制，强化线上线下一体化监管。

（十）防范化解风险

工商部门、审批部门、行业主管部门要通过信息公示、抽查、抽检等方式，综合运用提醒、约谈、告诫等手段，强化对市场主体及有关人员的事中监管，及时化解市场风险。要针对存在违法违规行为的市场主体强化事后监管，依法及时认定违法违规行为的种类和性质，组织有关部门依据各自职能共同参与处置。普遍推广随机抽取检查对象、随机选派执法检查人员的"双随机"抽查机制，建立健全市场主体名录库和执法检查人员名录库，通过摇号等方式，从市场主体名录库中随机抽取检查对象，从执法检查人员名录库中随机选派执法检查人员。

（十一）建立健全联合惩戒机制

对违法市场主体加大行政处罚和信用约束力度，依法实施吊销营业执照、吊销注销撤销许可证、列入经营异常名录和黑名单等惩戒措施。2016年底前，要建立健全跨部门联动响应机制和失信惩戒机制，在经营、投融资、取得政府供应土地、进出口、出入境、注册新公司、招投标、政府采购、获得荣誉、安全许可、生产经营许可、从业任职资格、资质审核等工作中，将信用信息作为重要考量因素，对被列入经营异常名录、严重违法失信企业名单、重大税收违法案件当事人名单、失信被执行人名单、行贿犯罪档案等失信主体依法予以限制或禁入，形成"一处违法，处处受限"的联合惩戒机制。

（十二）探索综合执法模式

探索推进统一市场监管和综合执法模式，按照减少层次、整合队伍、提高效率的原则，配置执法力量。大幅减少市县两级政府执法队伍种类。加强执法联动，形成监管合力。

2015年底前，已经建立综合执法机构的地方，要充分发挥执法力量整合优势，通过企业信用信息公示系统和"信用中国"网站公示市场主体登记注册、行政许可、行政处罚等信息，实现联合惩戒。

五 构建社会共治格局

维护市场正常秩序是全社会的共同责任。各地区各部门要在依法履行市场监管职责的同时，充分发挥法律法规的规范作用、行业组织的自律作用以及市场专业化服务组织、公众和舆论的监督作用，促进市场主体自我约束、诚信经营。积极稳妥地推进政府向社会力量购买服务，支持社会力量在市场监管中发挥作用。

（十三）引导市场主体自治

各地区各部门要采取守信激励和失信惩戒措施，促使市场主体强化主体责任，在安全生产、质量管理、营销宣传、售后服务、信息公示等各方面切实履行法定义务。引导市场主体充分认识信用状况对自身发展的关键作用，主动接受社会监督，提高诚信自治水平。鼓励支持市场主体通过互联网为交易当事人提供公平、公正的信用评价服务，客观公正记录、公开交易评价和消费评价信息。

（十四）推进行业自律

各地区各部门要高度重视并切实创造有利条件，充分发挥行业协会商会对促进行业规范发展的重要作用。将行业协会商会的意见建议作为制定法规、重大政策及评估执行效果的重要参考。建立政府与行业协会商会间的信用信息互联共享机制。在事中事后监管的各个环节建立行业协会商会的参与机制。发挥和借重行业协会商会在权益保护、资质认定、纠纷处理、失信惩戒等方面的作用。支持行业协会商会开展行业信用评价工作,建立健全企业信用档案,完善行业信用体系。通过政府购买服务等方式,委托行业协会商会开展信用评价、咨询服务、法律培训、监管效果评估,推进监管执法和行业自律的良性互动。

(十五)鼓励社会监督

各地区各部门要充分发挥市场专业化服务组织的监督作用。大力依靠消费者协会等社会组织,及时了解市场监管领域的突出问题,有针对性地加强监督检查。积极发挥会计师事务所、律师事务所、公证机构、检验检测认证机构等专业服务机构的监督作用。支持仲裁机构、调解组织等通过裁决、调解等方式解决市场主体之间的争议。积极构建第三方评估机制,培育、发展社会信用评价机构,支持开展信用评级,提供客观公正的市场主体资信信息。支持探索开展社会化的信用信息公示服务。各地区各部门要充分发挥社会舆论的监督作用,健全公众参与监督的激励机制,形成消费者"用脚投票"的倒逼机制,创造条件鼓励群众积极举报违法经营行为,充分利用新媒体等手段及时收集社会反映的问题。

六 加强组织实施

实行"先照后证"改革,加强事中事后监管,涉及的部门多、范围广、情况复杂,是一项系统工程。各地区各部门要高度重视、精心组织、周密部署、狠抓落实、强化问责。

(十六)加强组织协调

地方各级人民政府要高度重视,建立健全政府主导、部门主抓、社会参与、统筹推进的工作机制，强化组织保障、机制保障、经费保障。省级人民政府要加强本行政区域内相关改革的统筹推进，市县级政府要强化执行力度，切实解决改革中遇到的具体问题，确保改革措施有序推进、落实到位。各部门要及时掌握和研究改革过程中遇到的新情况、新问题，加强指导，鼓励探索，协调推进。

（十七）加强宣传引导

各地区各部门要通过多种途径、采取多种形式宣传事中事后监管各部门职责、措施、工作进展情况和成效，鼓励和引导全社会参与，形成理解、关心、支持改革的良好氛围和舆论监督环境。

（十八）强化督促检查

工商总局会同有关部门负责对本意见落实工作的统筹协调、跟踪了解、督促检查，确保改革各项工作平稳有序。审计部门要加强对政策落实情况的跟踪审计，加大对设置许可项目、履行法定监管职责等方面的审计力度。

《国务院关于印发"十三五"市场监管规划的通知》（国发〔2017〕6号）①

第三章　市场监管重点任务

围绕供给侧结构性改革，供给需求两端发力，全面深化商事制度改革，加强事中事后监管，把改善市场准入环境、市场竞争环境和市场消费环境作为市场监管重点，为经济发展营造良好的市场环境和具有国际竞争力的营商环境。

二　营造公平有序的市场竞争环境

市场监管新机制逐步建立。精简事前审批，加强事中事后监管，

---

① 《国务院关于印发"十三五"市场监管规划的通知》，http://www.gov.cn/zhengce/content/2017－01/23/content_5162572.htm。

探索市场监管新模式。建立以信用为核心的新型监管机制，强化企业自我约束功能。建立企业信息公示制度、经营异常名录制度和严重违法失信企业名单制度，实施"双随机、一公开"监管，依托全国信用信息共享平台建立政府部门之间信息共享与联合惩戒机制，建设国家企业信用信息公示系统和"信用中国"网站。

坚持放管结合，加强事中事后监管，规范企业生产经营行为，维护公平竞争，维护市场秩序，强化市场经营安全，改善市场主体经营发展环境，发挥我国统一大市场的优势和潜力，为企业优胜劣汰和产业转型升级提供保障。

《国务院办公厅关于加快推进"多证合一"改革的指导意见》（国办发〔2017〕41号）①

六 加强事中事后监管，促进服务效能提升

坚持便捷准入与严格监管相结合，以有效监管保障便捷准入，防止劣币驱逐良币，提高开办企业积极性。各地区、各部门要切实转变理念，精简事前审批，加强事中事后监管，探索市场监管新模式。要全面推行"双随机、一公开"监管，按照"谁审批、谁监管，谁主管、谁监管"的原则，强化主动监管、认真履职意识，明确监管责任。要建立以信用为核心的新型监管机制，依托全国信用信息共享平台不断完善政府部门之间信息共享与联合惩戒机制，充分发挥国家企业信用信息公示系统和"信用中国"网站的作用，强化企业自我约束功能，降低市场交易风险，减少政府监管成本，提高经济运行效率。

---

① 《国务院关于加快推进全国一体化在线政务服务平台建设的指导意见》，http://www.gov.cn/zhengce/content/2017 - 05/12/content_ 5193122. htm。

《国务院关于加快推进全国一体化在线政务服务平台建设的指导意见》（国发〔2018〕27 号）①

整合市场监管相关数据资源，推动事中事后监管信息与政务服务深度融合、"一网通享"。

《国务院关于在全国推开"证照分离"改革的通知》（国发〔2018〕35 号）②

二 重点内容

（三）加强事中事后监管

加快建立以信息归集共享为基础、以信息公示为手段、以信用监管为核心的新型监管制度。切实贯彻"谁审批、谁监管，谁主管、谁监管"原则，行业主管部门应当切实承担监管责任，针对改革事项分类制定完善监管办法，明确监管标准、监管方式和监管措施，加强公正监管，避免出现监管真空。全面推进"双随机、一公开"监管，构建全国统一的"双随机"抽查工作机制和制度规范，逐步实现跨部门"双随机"联合抽查常态化，推进抽查检查信息统一归集和全面公开，建立完善惩罚性赔偿、"履职照单免责、失职照单问责"等制度，探索建立监管履职标准，使基层监管部门在"双随机"抽查时权责明确、放心履职。健全跨区域、跨层级、跨部门协同监管机制，进一步推进联合执法，建立统一"黑名单"制度，对失信主体在行业准入环节依法实施限制。探索对新技术、新产业、新模式、新产品、新业态采取包容审慎的监管方式，着力为新动能成长营造良

---

① 《国务院关于加快推进全国一体化在线政务服务平台建设的指导意见》，http：//www. gov. cn/zhengce/content/2018 – 07/31/content_ 5310797. htm。

② 《国务院关于在全国推开"证照分离"改革的通知》，http：//www. gov. cn/zhengce/content/2018 – 10/10/content_ 5329182. htm。

好政策环境。强化企业的市场秩序第一责任人意识，建立完善信用修复机制，更好发挥专业服务机构的社会监督作用，引导社会力量共同参与市场秩序治理，逐步构建完善多元共治格局。

《国务院办公厅关于聚焦企业关切进一步推动优化营商环境政策落实的通知》（国办发〔2018〕104 号）①

六　加强和规范事中事后监管，维护良好市场秩序

加强事中事后监管。国务院办公厅、市场监管总局要会同有关部门抓紧研究制定加强和规范事中事后监管的指导意见，落实放管结合、并重的要求，在持续深化简政放权的同时，进一步强化事中事后监管，建立健全适合我国高质量发展要求、全覆盖、保障安全的事中事后监管制度，夯实监管责任，健全监管体系，创新监管方式，完善配套政策，寓监管于服务之中，不断提高事中事后监管的针对性和有效性，规范市场秩序，进一步激发市场活力。

《国务院关于在市场监管领域全面推行部门联合"双随机、一公开"监管的意见》（国发〔2019〕5 号）②

二　主要目标

通过在市场监管领域全面推行部门联合"双随机、一公开"监管，增强市场主体信用意识和自我约束力，对违法者"利剑高悬"；

---

① 《国务院办公厅关于聚焦企业关切进一步推动优化营商环境政策落实的通知》，http：//www.gov.cn/zhengce/content/2018－11/08/content_ 5338451.htm。
② 《国务院关于在市场监管领域全面推行部门联合"双随机、一公开"监管的意见》，http：//www.gov.cn/zhengce/content/2019－02/15/content_ 5365945.htm。

切实减少对市场主体正常生产经营活动的干预，对守法者"无事不扰"。强化企业主体责任，实现由政府监管向社会共治的转变，以监管方式创新提升事中事后监管效能。到 2019 年底，市场监管部门完成双随机抽查全流程整合，实现"双随机、一公开"监管全覆盖、常态化。到 2020 年底，实现市场监管领域相关部门"双随机、一公开"监管全覆盖，地方各级人民政府相关部门在市场监管领域联合"双随机、一公开"监管常态化。力争三到五年时间内，市场监管领域新型监管机制更加完善，实现综合监管、智慧监管。

五 统一监管方式

加强事中事后监管。进一步转变监管理念，完善事中事后监管体系，统一规范事中事后监管模式，建立以"双随机、一公开"监管为基本手段，以重点监管为补充，以信用监管为基础的新型监管机制，严肃查处违法违规行为。对于实行告知承诺制的审批事项，审批部门应当在规定时间内对承诺人履行承诺的情况进行检查，承诺人未履行承诺的，审批部门要依法撤销行政审批决定并追究承诺人的相应责任。

《政府投资条例》（中华人民共和国国务院令〔2019〕第 712号）①

第五章 监督管理

第二十七条 投资主管部门和依法对政府投资项目负有监督管理职责的其他部门应当采取在线监测、现场核查等方式，加强对政府投资项目实施情况的监督检查。

---

① 《中华人民共和国国务院令》（第 712 号），http：//www.gov.cn/zhengce/content/2019 - 05/05/content_ 5388798. htm。

　　项目单位应当通过在线平台如实报送政府投资项目开工建设、建设进度、竣工的基本信息。

　　第二十八条　投资主管部门和依法对政府投资项目负有监督管理职责的其他部门应当建立政府投资项目信息共享机制，通过在线平台实现信息共享。

参考文献

外文文献

[1] Big Data. *Nature*, 2008, 455 (7209): 1 – 136.

[2] C. Parker, Twenty Years of Responsive Regulation & Governance, 2013, 9 (1) .

[3] Goodwin M, Duncan S, Halford S. Regulation Theory, the Local State, and the Transition of Urban Politics: . Environment & Planning D Society & Space, 2016, 11 (1): 67 – 88.

[4] Hacker W. Action Regulation Theory: A practical tool for the design of modern work processes? . European Journal of Work & Organizational Psychology, 2003, 12 (2): 105 – 130.

[5] J. Braithwaite. The Essence of Responsive Regulation, *UBC Law Review*, 2011, 44 (3) .

[6] J. Rees. *Reforming the Workplace: A Study of Self-regulation in Occupational Safety.* Philadelphia: University of Pennsylvania Press, 1988.

[7] Jessop B. (2002) Governance and Meta-governance in the Face of Complexity: On the Roles of Requisite Variety, Reflexive Observation, and Romantic Irony in Participatory Governance. In: Heinelt H. , Getimis P. , Kafkalas G. , Smith R. , Swyngedouw E. (eds) Participatory Governance in Multi-Level Context. VS Verlag

für Sozialwissenschaften，Wiesbaden

［8］ M. Power. *The Audit Society*：*Rituals of Verification*. Oxford：Oxford University Press，1999.

［9］ Mckinsey Global Institute. Big Data：The Next Frontier for Innovation，Competition and Productivity，2011.

［10］ Neal D J，Carey K B. Developing discrepancy within self-regulation theory：use of personalized normative feedback and personal strivings with heavy-drinking college students.. Addictive Behaviors，2004，29（2）：281－297.

［11］ Pam B，Bob G. Data Divination：Big Data Strategies. 2014.

中文著（译）作

［12］〔美〕埃莉诺·奥斯特罗姆：《公共事物的治理之道——集体行动制度的演讲》，余逊庆、陈旭东译，上海译文出版社，2012。

［13］〔英〕奥格斯著《规制》，骆梅英译，中国人民大学出版社，2008。

［14］奥斯特罗姆·帕克斯、惠特克：《公共服务的制度建构》，宋全喜等译，上海三联书店，2000。

［15］陈奇星：《自贸区建设中政府职能转变的突破与创新研究》，上海人民出版社，2017。

［16］〔美〕丹尼尔·F. 史普博（DanielF. Spulber）著《管制与市场》，余晖等译，三联书店上海分店，1999。

［17］柯武刚、史漫飞：《制度经济学：社会秩序与公共政策》，商务印书馆，2000。

［18］李文良等编著《中国政府职能转变问题报告》，中国发展出版社，2003。

［19］马英娟著《政府监管机构研究》，北京大学出版社，2007。

[20] 汪玉凯：《中国行政体制改革20年》，中州古籍出版社，1998。

[21] 〔英〕维克托·迈尔 - 舍恩伯格、肯尼思·库克耶著《大数据时代：生活、工作与思维的大变革》，盛杨燕、周涛译，浙江人民出版社，2013。

[22] 吴弘、胡伟著《市场监管法论》，北京大学出版社，2006。

[23] 肖林著《市场进入管制研究》，经济科学出版社，2007。

[24] 俞可平：《治理与善治》，社会科学文献出版社，2000。

[25] 张成福、党秀云：《公共管理学》，中国人民大学出版社，2001。

[26] 张国山主编《市场监督管理》，北京工业大学出版社，2003。

[27] 左大培、斐小革：《现代市场经济的不同类型》，经济科学出版社，2000。

中文论文

[28] 陈世良：《我国经济转型期社会主义市场监管研究》，华中师范大学博士学位论文，2008。

[29] 李一楠：《统一市场监管问题研究》，河北师范大学硕士学位论文，2017。

[30] 吕煜进：《市场经济体制下政府市场监管职能研究》，兰州大学硕士学位论文，2007。

[31] 秦福莹：《热红外遥感地表温度反演方法应用与对比分析研究》，内蒙古师范大学硕士学位论文，2008。

[32] 秦长江：《协作性公共管理：理念、结构与过程》，上海交通大学博士学位论文，2012。

[33] 石志全：《我国流通领域市场监管风险与应对研究》，中央民族大学博士学位论文，2013。

[34] 宋慧宇：《行政监管权研究》，吉林大学博士学位论文，2010。

［35］孙成媛：《中国与欧盟食品安全法律制度比较研究》，新疆大学硕士学位论文，2017。

［36］王海秦：《北戴河区市场监管部门管理体制存在的问题及对策研究》，燕山大学硕士学位论文，2016。

［37］吴昊：《大数据时代中国政府信息共享机制研究》，吉林大学博士学位论文，2017。

［38］肖宝仲：《基于信令分析的智慧城市人流监控管理研究》，北京化工大学硕士学位论文，2013。

［39］袁涛：《DMSP/OLS 数据支持的贫困地区测度方法研究》，中国地质大学（北京）博士学位论文，2013。

［40］周佳怡：《治理理论视角下行政审批事项事中事后监管研究》，华东师范大学硕士学位论文，2016。

中文期刊、报纸及网站

［41］安睿：《经常项目事中事后监管探索与思考》，《河北金融》2018 年第 4 期。

［42］沧州市机构编制管理研究会、沧州市委党校联合课题组：《推行权责清单与事中事后监管 "双轨" 运行》，《中国机构改革与管理》2018 年第 10 期。

［43］陈学军：《探索完善大数据监管新机制　建设事中事后综合监管平台》，《中国市场监管研究》2017 年第 1 期。

［44］董彪、李仁玉：《我国法治化国际化营商环境建设研究——基于〈营商环境报告〉的分析》，《商业经济研究》2016 年第 13 期。

［45］董海明、董海军、陈琦：《大数据时代的政府治理与监管》，《党政论坛》2017 年第 8 期。

［46］杜林林：《以大数据手段破解企业信用社会共治之痛——贵阳市工商局事中事后监管创新的探索》，《中国市场监管研究》

2016 年第 12 期。

[47] 段宇波、刘佳敏：《地方政府事中事后监管的困境与路径》，《经济问题》2018 年第 6 期。

[48] 范迪军、倪良新：《简政放权必须加快构建新型监管体系万胡》，《中国经济时报》2014 年 4 月 18 日。

[49] 封凯栋、赵亭亭：《建立全国统一信息平台有效回应监管要求的结构性变化——国务院办公厅〈关于运用大数据加强对市场主体服务和监管的若干意见〉解析》，《中国工商管理研究》2015 年第 8 期。

[50] 顾锦龙：《德国煤矿安全管理的经验》，《中国应急救援》2009 年第 1 期。

[51] 广东省编办：《广州开发区推行"监管清单" 全面打造事中事后监管新体系》，《机构与行政》2015 年第 9 期。

[52] 姜书彬：《完善政府事中事后监管体制研究》，《机构与行政》2016 年第 10 期。

[53] 雷奇峰：《落实四个转变 加强事中事后监管——〈关于加强行政审批事中事后监管的指导意见〉解读》，《机构与行政》2015 年第 6 期。

[54] 李宝芹：《深化行政审批制度改革 加强事中事后监管》，《行政管理改革》2015 年第 8 期。

[55] 李冬梅：《论美国〈综合环境反应、赔偿和责任法〉上的环境责任标准》，《长春市委党校学报》2010 年第 6 期。

[56] 李国杰、程学旗：《大数据研究：未来科技及经济社会发展的重大战略领域——大数据的研究现状与科学思考》，《中国科学院院刊》2012 年第 6 期。

[57] 李洪亮：《创新事中事后监管机制 构建大数据监管新格局》，《中国市场监管研究》2017 年第 2 期。

[58] 李利利、刘庆顺:《放管结合 助力事中事后监管》,《对外经贸》2017 年第 7 期。

[59] 梁滨:《加强行政审批事中事后监管》,《中国机构改革与管理》2016 年第 9 期。

[60] 刘厚金:《食品安全风险分析的法律机制:国外经验与本土借鉴》,《企业经济》2010 年第 11 期。

[61] 刘鹏:《西方监管理论:文献综述和理论清理》,《中国行政管理》2009 年第 9 期。

[62] 刘树杰:《论现代监管理念与我国监管现代化》,《经济纵横》2011 年第 6 期。

[63] 龙信数据:《应用大数据提升事中事后监管能力》,《中国工商管理研究》2015 年第 8 期。

[64] 卢玉平、金铭、段晓军、王子豪:《加强事中事后监管问题研究》,《中国市场监管研究》2018 年第 2 期。

[65] 芦国庆:《事中事后监管的模式与方法选择》,《中国质量技术监督》2017 年第 4 期。

[66] 钮心毅、康宁、王垚、谢昱梓:《手机信令数据支持城镇体系规划的技术框架》,《地理信息世界》2019 年第 1 期。

[67] 渠滢:《我国政府监管转型中监管效能提升的路径探析》,《行政法学研究》2018 年第 6 期。

[68] 任森春、姚然:《欧美国家失信惩戒制度及启示》,《安徽商贸职业技术学院学报(社会科学版)》2007 年第 3 期。

[69] 上海市发展改革研究院课题组、沈杰、赵宇刚:《加强政府事中事后监管的方法、手段和对策研究》,《科学发展》2014 年第 12 期。

[70] 邵学峰、任春杨:《中国自由贸易区外商投资事中事后监管制度优化研究——基于新制度经济学理论视角》,《经济纵横》

2016 年第 11 期。

[71] 宋国军、刘年生、宋新伟：《经常项目事中事后监管框架研究》，《中国外汇》2017 年第 21 期。

[72] 宋华琳：《加强事中事后监管 推动市场监管体系的改革与创新》，《中国工商管理研究》2015 年第 11 期。

[73] 宋世明：《以现代政府治理之道 创新事中事后监管方式》，《中国经济时报》2015 年 8 月 2 日。

[74] 苏方宁：《发达国家食品安全监管体系概观及其启示》，《农业质量标准》2006 年第 6 期。

[75] 隋姝妍、小野雅之：《日本食品安全与消费者信赖保障体系的建设及对中国的启示》，《世界农业》2012 年第 9 期。

[76] 泰安市编办课题组：《加强行政审批事中事后监管路径研究》，《机构与行政》2016 年第 5 期。

[77] 谭克虎、荣朝和：《从〈管制商务法〉看美国铁路管制的演变》，《铁道经济研究》2004 年第 2 期。

[78] 王彬：《以大数据引领事中事后监管创新》，《中国市场监管研究》2016 年第 10 期。

[79] 王丰、张纯厚：《日本地方政府在环境保护中的作用及其启示》，《日本研究》2013 年第 2 期。

[80] 王俊豪、鲁桐、王永利：《西方国家的政府管制俘虏理论及其评价》，《世界经济》1998 年第 4 期。

[81] 王克：《深化商事制度改革后如何有效实现"事中事后监管"？江苏工商：大数据唤醒监管新职能》，《中国经济周刊》2017 年第 28 期。

[82] 王雪珍：《行政审批制度改革的紧迫性与面临的问题》，《产业与科技论坛》2014 年第 13（15）期。

[83] 习近平：《实施国家大数据战略加快建设数字中国》，《中国信

息安全》2018 年第 1 期。

[84] 杨炳霖：《监管治理体系建设理论范式与实施路径研究——回应性监管理论的启示》，《中国行政管理》2014 年第 6 期。

[85] 杨凡、赵建涛、任丽霞：《强化事中事后监管 完善市场监管体系》，《农村经济与科技》2016 年第 27（16）期。

[86] 杨凤：《政府监管的一种规范分析——传统公共利益理论述评及其政策应用》，《经济纵横》2007 年第 24 期。

[87] 俞晓波：《事中事后监管怎么管》，《学习时报》2015 年 5 月18 日。

[88] 袁剑：《多措并举 加强事中事后监管》，《中国市场监管研究》2016 年第 1 期。

[89] 张京：《科学应用投诉举报数据 提高事中事后监管水平》，《中国市场监管研究》2016 年第 10 期。

[90] 张开秋、段雪莲：《大数据：变革世界的关键资源》，《决策探索》（下半月）2016 年第 6 期。

[91] 张巍：《扎实推进"双随机、一公开"强化事中事后监管》，《财经界（学术版）》2018 年第 19 期。

[92] 赵斌：《创新三联机制 推进事中事后监管改革》，《中国市场监管研究》2017 年第 11 期。

[93] 赵国梁、周密：《新鲜事，用手机信号绘制地图——以人流热力地图和贵报传媒凡闻大数据探索为例》，《传媒》2017 第13 期。

[94] 赵全新：《推进价格领域"放管服"改革 加强事中事后监管》，《发展改革理论与实践》2017 年第 12 期。

[95] 浙江省工商局企业监管处：《新时期加强事中事后监管的思考》，《中国工商报》2018 年 7 月 19 日。

[96] 郑亦麒：《加强政府事中事后监管的方法、手段、对策研究》，

《现代商业》2016 年第 20 期。

[97] 朱林、董玉婷：《新形势下经常项目事中事后监管模式构建研究》，《金融发展研究》2017 年第 9 期。

[98] 国家发展改革委价监局：《加强和创新成本监审有力提升价格监管水平》，《中国经贸导刊》2017 年第 18 期。

[99] 《促进大数据发展行动纲要》解读，《中国资源综合利用》2016 年第 34（02）期。

[111] 《国务院印发简政放权方案》，《中国投资》2015 年第 6 期。

[101] 《李克强在国务院机构职能转变动员会议上的讲话》，http：// www. gov. cn/ldhd/2013 - 05/14/content_ 2402749. htm。

[102] 《国务院办公厅关于聚焦企业关切进一步推动优化营商环境政策落实的通知》，http：//www. gov. cn/zhengce/content/2018 - 11/08/content_ 5338451. htm。

[103] 《国务院办公厅关于清理规范国务院部门行政审批中介服务的通知》，http：//www. gov. cn/zhengce/content/2015 - 04/29/ content_ 9677. htm。

[104] 《国务院办公厅关于全面开展工程建设项目审批制度改革的实施意见》，http：//www. gov. cn/zhengce/content/2019 - 03/ 26/content_ 5376941. htm。

[105] 《国务院办公厅关于推广随机抽查规范事中事后监管的通知》，http：//www. gov. cn/zhengce/content/2015 - 08/05/content_ 10051. htm。

[106] 《国务院办公厅关于运用大数据加强对市场主体服务和监管的若干意见》，http：//www. gov. cn/zhengce/content/2015 - 07/ 01/content_ 9994. htm。

[107] 《国务院关于"先照后证"改革后加强事中事后监管的意见》，http：//www. gov. cn/zhengce/content/2015 - 11/03/

content_ 10263. htm。

[108]《国务院关于加快推进全国一体化在线政务服务平台建设的指导意见》，http：//www. gov. cn/zhengce/content/2017 – 05/12/content_ 5193122. htm。

[109]《国务院关于印发"十三五"市场监管规划的通知》，http：//www. gov. cn/zhengce/content/2017 – 01/23/content _ 5162572. htm。

[110]《国务院关于在全国推开"证照分离"改革的通知》，http：//www. gov. cn/zhengce/content/2018 – 10/10/content _ 5329182. htm。

[111]《国务院关于在市场监管领域全面推行部门联合"双随机、一公开"监管的意见》，http：//www. gov. cn/zhengce/content/2019 – 02/15/content_ 5365945. htm。

[112]《中华人民共和国国务院令》（第 712 号），http：//www. gov. cn/zhengce/content/2019 – 05/05/content_ 5388798. htm。

图书在版编目（CIP）数据

基于大数据的事中事后监管创新／魏颖，杨道玲，
郝凯著 . −− 北京：社会科学文献出版社，2019.12
（大数据发展丛书）
ISBN 978 − 7 − 5201 − 5500 − 7

Ⅰ.①基… Ⅱ.①魏… ②杨… ③郝… Ⅲ.①数据处
理 − 应用 − 市场监管 − 研究 − 中国 Ⅳ.①F203.9

中国版本图书馆 CIP 数据核字（2019）第 201299 号

大数据发展丛书
基于大数据的事中事后监管创新

著 者／魏 颖 杨道玲 郝 凯

出 版 人／谢寿光
责任编辑／宋 静

出 版／社会科学文献出版社·皮书出版分社（010）59367127
 地址：北京市北三环中路甲 29 号院华龙大厦 邮编：100029
 网址：www. ssap. com. cn
发 行／市场营销中心（010）59367081 59367083
印 装／三河市尚艺印装有限公司

规 格／开本：787mm × 1092mm 1/16
 印 张：15 字 数：198 千字
版 次／2019 年 12 月第 1 版 2019 年 12 月第 1 次印刷
书 号／ISBN 978 − 7 − 5201 − 5500 − 7
定 价／89.00 元

本书如有印装质量问题，请与读者服务中心（010 − 59367028）联系